ESTIC PARLANT DE TU

TEDDY COBEÑA

Estic parlant de tu

Teddy Cobeña

No es permet la reproducció total o parcial d'aquest llibre , ni la seva incorporació a un sistema informàtic, ni la seva transmisió en qualsevol forma o mitjà, sigui electrònic, mecànic, per fotocòpia, per gravació o per altres mètodes, sense el permís previ i per escrit de l'autor. La infracció dels drets mencionat pot ser constitutiva de delicte contra la propietat intel·lectual (Art. 270 i següents del Codi Penal).

Portada: Escultura en bronze "48 anys o 84 anys, Jo decideixo" guanyadora del premi "Mateo Inurria" a Madrid (2.015) i de la medalla "Pont de Chéruy" a França (2.017) © Teddy Cobeña Loor

Il·lustració interior: ©Ana Carolina Lázaro

Copyright ©2017 Teddy Cobeña

Primera edició: Agost 2017

ISBN: 978-8469747018

A tots els meus pacients que han vingut per a trobar la salut o a calmar la seva malaltia, dels qui he après molt.

A tots els meus mestres, des dels presencials a les facultats de medicina fins als virtuals que existeixen i van existir molts anys enrere.

A totes les persones anònimes que han contribuït a les experiències compartides durant anys.

A Anna Carolina, que és el meu complet amor.

NO DEVORS AQUEST LLIBRE, FES-NE UNA DEGUSTACIÓ

ÍNDEX

DECLARACIÓ 11

INTRODUCCIÓ 13

ETS EL QUE PENSES .... .17

LA CONCENTRACIÓ 25

AVANÇA 29

LA SALUT ÉS LA REALITAT QUE ET CORRESPON 33

NO HI HA UNA ALTRE REALITAT
QUE EL QUE EL TEU PENSAMENT DIU 39

QUÈ PASSA SI TENS UNA MALALTIA? 43

SENTIR ES FONAMENTAL 47

EL TEU ENTORN 51

LA TEVA IMAGINACIÓ 55

SI VOLS CANVIAR EL TEU MÓN HAS DE CANVIAR
LES TEVES CREENCES 57

CONVERSES MENTALS 61

TENDÈNCIA NEGATIVA 65

REVISA EL PASSAT A LA TEVA MANERA 69

- PARLAR DEL FUTUR SEMPRE ES QUEDARÀ EN EL FUTUR 73
- VIU EL FINAL 77
- INFORMACIÓ AL SUBCONSCIENT 81
- NO ENVEGIS A NINGÚ 85
- CONSERVA EL TEU PENSAMENT PER A TU 89
- SIGUES PACIENT 93
- SIGUES FIDEL AL TEU PENSAMENT 95
- SENT LES GRÀCIES 99
- ENAMORA'T DE LA TEVA IDEA 103
- SOBRE ELS SOMNIS AL DORMIR 107
- SOBRE LA MORT 113
- LA VIDA NO ES MESURA EN ANYS SINO PEL SEU CONTINGUT 119
- LA CIÈNCIA 121
- PUNTS CLAUS 127
- TÈCNICA PER ACONSEGUIR EL QUE VULGUIS 131
- UN EXEMPLE 135
- LA VIDA ESTÀ ESPERANT A QUE JUGUIS AMB ELLA .. 137
- FRASES A RECORDAR 139

DECLARACIÓ

La salut és el bon estat de benestar físic i mental. Per aconseguir aquest estat és necessari que el pensament sigui dirigit a aquest benestar. Això pot ocórrer de forma voluntària o bé involuntàriament. Les persones podem aconseguir tot el que volem, independentment de la nostra condició social, econòmica, biològica o familiar.

El bon estat mental no només s'aconsegueix en absència de malalties psiquiàtriques o alteracions psicològiques, sinó també en aconseguir els objectius que ens proposem. És el teu dret obtenir el que tu vulguis en aquesta vida. La clau està única i exclusivament dins teu, no en el teu entorn ni en altres persones. Declara fermament el teu èxit i sent-te triomfador. Perquè tot està al teu cap, tu ets la força generadora de tot el que et passa i ara et toca viure d'una altra manera. Aquí comença la teva nova vida.

INTRODUCCIÓ

Va començar la meva curiositat pel cos humà quan encara era un nen. Vaig estudiar la carrera de medicina i el meu interès es va extrapolar a la totalitat de la vida.

Durant més de vint anys he estat observant als pacients en els seus diferents estats i en situacions variades. Persones dels cinc continents i amb tot tipus de malalties. Hi ha un denominador comú en tots ells, tant per recuperar-se com per continuar la seva malaltia: la forma de pensar.

No és només la resposta cel·lular a un medicament sinó també (i fonamentalment) la forma que té la persona d'afrontar el problema. No hi ha dubte dels meravellosos avenços que tenim actualment en el diagnòstic i tractament de les malalties. Però això no ho és tot.

He format part de diversos estudis mèdics en els quals l'actitud del pacient abans d'emmalaltir era negativa o estressant, i desenvolupaven un problema orgànic o una patologia ben establerta posteriorment. L'estrès, les sensacions negatives intenses i constants disminueixen les defenses i els elements protectors del cos, afavorint el desenvolupament de malalties inflamatòries, infeccioses, neoplàsiques i cardíaques. Treballant a un servei de patologia mamària la meva atenció es va centrar en un considerable nombre de càncers de mama originats per un fort estrès sostingut durant mesos, en un grup de pacients que estudiàvem al seu ingrés a l'hospital. L'estudi es va estendre a altres patologies del cos.

La tendència a pensar positivament, a aprofitar circumstàncies per riure, la despreocupació, a donar atenció a altres coses que no són les funcions del cos i fins i tot minimitzar una malaltia, ha demostrat una qualitat de vida més alta i una estadística considerablement baixa a emmalaltir.

Hi ha una propensió d'un gran grup de persones a pensar que el que ocorrerà serà el pitjor en una situació determinada, per exemple "no arribarem a temps a la cita", "li passarà alguna cosa dolenta al nostre fill", "tindré càncer", "tindré problemes a la feina". Situacions que no estan predisposades sinó bàsicament per aquest pensament negatiu de que les coses dolentes passaran. Quan aquest pensament s'associa a la imaginació, a un sentiment d'haver viscut això, ocorrerà allò.

El nostre cos emet unes vibracions basades en el moviment molecular que genera un camp magnètic. Aquestes vibracions estan controlades conscient o inconscientment per la ment humana. La repercussió d'aquesta vibració està al nostre propi cos i al nostre entorn.

He volgut, per tant, investigar i experimentar més sobre la força de la nostra ment i els efectes sobre el cos i fora d'ell. Per això escric aquestes línies, per compartir-les amb tu que són del teu gran interès i que han arribat a les teves mans perquè en algun moment has desitjat saber més sobre això.

Podria explicar-te múltiples casos personals i viscuts d'una infinitat de pacients, emmalaltits i sanats, tots relacionats amb la força del seu pensament. Sobre la salut en general i unes altres que no es relacionen amb ella, com arribar a un lloc inesperat, conèixer a alguna persona en concret, adquirir algun bé material desitjat, etc. però vull que siguis tu qui experimenti en la teva pròpia carn la grandesa del teu ésser.

Ens han dit alguns llibres que pensar crea la realitat i no ho sentim, no ho creiem i fins ho discutim. Perquè necessitem confirmar amb els nostres sentits físics tot el que existeix o pugui existir. Necessitem tocar, veure, sentir alguna cosa per poder creure i fins i tot, diem que la vida no és més que biologia, que l'ésser humà és una col·lecció de minerals que reunits harmònicament produeixen moviment sense més, com un avió que és el conjunt de materials agrupats de forma ordenada per a poder volar. Només si és així, és extremadament sorprenent que l'home amb el que té a la terra pugui fer meravelles: tot el que menja ve de la terra, la vestimenta, el seu transport, la tecnologia, absolutament tot el que fa servir, ve de la terra. Perquè és gràcies a la seva imaginació que ho aconsegueix. I la imaginació d'on ve? No té cèl·lules, no té proteïnes ni cap tipus d'estructura física. Aquí la font de les nostres vides.

Amb el que aquest llibre explica, podràs controlar la teva vida en tots els aspectes i sabràs qui ets.

ETS EL QUE PENSES

"El teu món és la teva consciència materialitzada"

El teu cos no ets tu. T'identifiques totalment amb el rostre que tens, amb la forma de les teves mans i de tot el teu cos, no obstant això, tu ets un ésser més poderós del que el teu cos pot fer.

Regeixes sobre el teu cos i no ell sobre tu. Però no ens adonem d'això perquè estem immersos a l'estil de vida que portem, la nostra atenció està desviada cap a altres coses. El teu cos és un vehicle de les teves decisions. Habites en ell i governes sobre ell.

La forma més diminuta del nostre cos és energia. Aquesta energia que sembla ser autònoma, està controlada per la teva ment moltes vegades de forma involuntària, però tens el do de conduir-la a la teva voluntat i desig. Això significa, per bé i per mal, que tot depèn de com enfoquis el poder del teu meravellós potencial.

Aquesta força no només actua per concentració expressa en ella, sinó que també reacciona als teus estats d'humor o tipus de pensament que tinguis sobre coses de la teva vida quotidiana. D'aquesta manera l'estrès pot provocar contractures musculars a l'esquena i a les cervicals, augment de l'acidesa gàstrica, etc. En aquests casos tu no has volgut voluntàriament iniciar una contractura muscular o una acidesa d'estómac però el cos ha reaccionat d'aquesta forma al teu nivell d'estrès. També si et concentres per produir un dolor muscular, ets capaç de sentir-ho. El mateix passa actuant en positiu, és a dir, si penses coses bones o no tens pensaments negatius o bé estàs alegre, el cos tendeix a realitzar la seva funció de forma harmònica.

Tots sabem, com una persona que sempre es queixa dient "no podré", "mai em surten bé les coses", "no sóc capaç de fer-ho", "no sóc tan llest", etc. no té gaires espectatives d'aconseguir grans coses. Això és conduir el seu propi destí. Però quants de nosaltres volem el fracàs? Tots volem la felicitat i això significa tenir salut i aconseguir els nostres objectius.

L'energia que ets, depèn del teu pensament i ella condiciona el teu estat corporal i el teu entorn. El teu cos té una vida limitada però el teu pensament, que controla aquesta energia, no té fi. Ets per tant una gran i eterna força que existeix sobre el temps i sobre l'espai.

L'entorn en el qual vius no és una situació de sort o infortuni o producte de l'atzar, sinó que has sigut tu qui ha convidat a totes aquestes circumstancies i persones al fet que formin part de la teva vida. Atreus tot el que tens al teu al voltant o dit d'una altra manera, tu has volgut que tot el que tens formi part de la teva vida. El teu pensament i imaginació, al costat de la sensació conscient o inconscient, ha fet de tot això una realitat. En això es basa la realització de la vida de cada persona al món.

Dit això, sona absurd pensar que tu hagis volgut tenir aquest determinat problema o haver de bregar amb una persona conflictiva, però la veritat és que no som conscients del que estem pensant sempre. La forma en com puguis sentir alguna cosa, la intensitat del que vius, es tradueix en fets positius o negatius. Així, si t'has enfadat amb un company de treball, et resultarà inevitable tornar a viure en el teu cap la discussió que has tingut amb aquesta persona. Aquesta situació provoca una descàrrega d'energia negativa que es tradueix o bé en un malestar corporal, o bé en una continuïtat del conflicte amb el company. Les converses internes (les que tens en la teva ment, com si fos amb una altra persona) són fonamentals per condicionar la teva relació amb aquesta persona. El que imagines, serà una realitat.

En una ocasió vaig viure l'estrès d'haver de bregar amb el director d'una empresa de foneria de metalls on jo feia algunes escultures de bronze. Tot i que la meva activitat li generava diners, ell sempre estava amb presses i mal humor. Quan parlàvem era una experiència totalment desagradable, fins i tot li transmetia a la seva secretària i també als altres companys que estaven al seu al voltant aquest estrès i mal humor. Quan volia saber alguna cosa i em trucava per telèfon, no podia evitar enfadar-me o posar-me nerviós, així que un dia en lloc de sortir definitivament d'aquest taller (ja que m'agradava la disponibilitat de recursos i eines de treball de les quals disposava) vaig decidir experimentar una cosa: vaig imaginar que aquest senyor em deia, al costat del seu despatx, que sentia molt haver-me tractat malament i s'havia adonat que els seus nervis ens enfadaven a tots, que em deia "sento molt haver-te tractat malament" i després es girava a la seva secretària i li repetia la mateixa frase, per després expressar el seu desig de canviar. Aquestes escenes les vaig repetir una vegada i una altra al meu cap abans d'anar a dormir durant aproximadament deu dies, sentia com em donava la mà i es disculpava, veia l'escriptori del seu despatx, els papers que tenia a la seva taula, la cara de la secretària. Extraordinàriament, després d'uns dies va passar exactament l'escena que jo havia estat imaginant, em va donar la mà per dir-me "sento molt haver-te tractat malament", es va girar a la secretària per dir-li la mateixa frase, el lloc era el que havia imaginat jo abans, al costat del seu despatx i va repetir unes tres vegades les mateixes paraules. Els dies següents van ser de total harmonia en aquest taller, fins que vaig acabar el meu projecte.

Com és possible que passi això? El teu pensament és l'energia que atreu o que crea una situació. Encara que tot el que tinguis al teu al voltant digui el contrari al que vols, no deus defallir, imagina fidelment el que t'interessa que passi. Això és així i funciona sempre així.

Fa un temps la meva esposa i jo volíem saber com era per dins una casa que ens agradava molt, perquè volíem comprar-ne una, havíem donat voltes per aquesta casa moltes vegades, no estava habitada i no teníem la sort de trobar-nos a ningú que ens donés raó d'aquest habitatge. Així que una nit vaig anar al llit i abans de dormir vaig imaginar que tenia la clau de la porta, l'obria i passava per un rebedor-passadís que suposadament tenia la casa, en entrar mirava el sostre i l'espai del saló. Vaig imaginar amb detall com sentia la rugositat de la clau en entrar en el forrellat de la porta que jo havia vist prèviament diverses vegades en visitar la casa per fora, veia a la meva ment com s'obria la porta i em veia entrant a la casa i mirava l'espai intern, ho vaig fer una vegada i una altra fins quedar-me adormit. L'endemà en sortir de la feina, vaig anar a fer un volt davant de la casa, com ja ho havia fet en altres ocasions i des de la finestra que dóna al carrer vaig sentir sorolls com si estiguessin remodelant o arreglant la casa, així que vaig tocar la porta i un paleta va treure el cap per la finestra i em va dir "esperi que li obro" i vaig escoltar des de l'exterior de la porta com sonaven totes les claus juntes que s'acostaven a la porta i el soroll que feia la clau en obrir el forrellat! Vaig veure com s'obria la porta i vaig sentir la mateixa sensació que en la meva imaginació la nit anterior havia sentit, vaig fer un pas endavant i vaig entrar a la casa. Li vaig dir al paleta que estava interessat en ella i volia saber com era per dins, així que la vaig poder veure tota.

No va ser tal com jo havia imaginat, però el meu desig final es va complir. Vaig voler veure la casa per dins i així va ser, encara que després no ens va interessar, ni vàrem comprar aquesta casa però ja sabíem el que volíem.

Atreus o provoques successos. Pot ser immediat o pot trigar mesos o anys, però arriba.

Una pacient em va explicar els seus símptomes digestius i va afegir com eren de dolents els seus companys de la feina. Quan va tornar a la consulta per segona vegada amb el resultat d'unes proves va tornar a fer referència al mal ambient que havia al seu nou treball (diferent a l'anterior). Molts mesos després, en la tercera visita va dir que un amic li havia proposat treballar en la seva empresa (un tercer treball diferent) on tots parlaven malament d'ella. Tot el que diu aquesta persona és creïble perquè sens dubte l'actitud que té un, és la causa de la seva vida. La pacient allà on anés tindria problemes amb el seu entorn i amb el seu aparell digestiu (les proves van ser normals i no justificaven els seus símptomes). Ella estava atraient amb les seves converses internes, emocions i actituds, tot el que tenia al seu cos i el seu entorn.

No hi ha dubte, és una llei que funciona. Quan es reuneix un amic amb un altre per criticar a un tercer, estan desprenent energia que tindrà una conseqüència del mateix tipus d'ona amb la qual va ser emesa. No sabem si sobre el seu cos o el seu entorn o bé sobre les dues coses.

"Quan li dónes importància a alguna cosa, s'activa"

L'única realitat és la teva consciència i convicció d'alguna cosa i de tot. Res existeix sense que hagis pensat en això, imaginat o referit d'alguna manera. No recordem tots aquests actes perquè la nostra memòria és limitada, però és així com funciona.

Assumir el sentiment de satisfacció és cridar a totes les condicions perquè així sigui el que estas sentint en aquest moment, d'aquesta manera tindràs la mateixa satisfacció per segona vegada a la vida física. Som somiadors constantment, tant conscient com inconscientment. Aquests somnis agafen forma quan assumeixes el sentiment de la seva realitat. No has de dependre del passat perquè res és impossible per a la teva ment. Pots tranquil·lament, imaginar experiències més enllà del que hagi ocorregut en el passat, la teva vida serà una altra, la teva vida és una altra. Perquè tot està a la teva consciència.

"L'origen de la teva realitat actual està a la teva consciència"

Tot el que puguis imaginar, és possible que es pugui materialitzar. Tot en aquesta vida va ser primer imaginat i després visible. Per voluntat pots imaginar qualsevol cosa que sigui bona per a tu. Aquí la base de l'èxit, el control dels teus pensaments que són els que regeixen la teva vida.

LA CONCENTRACIÓ

Concentra't en el teu objectiu

"Quan abaixes el volum cap als altres (silenci), el puges per a tu mateix"

Normalment els humans tenim metes i objectius. Però en moltes ocasions no les podem aconseguir o ens costa començar. Ho faig, no ho faig, ho faré després.

Aquestes ambivalències poden controlar la teva ment sense deixar-te decidir per alguna cosa important i la teva vida es converteix en una rutina. Només tu pots decidir quina opció guanyarà i això estarà determinat per la força de la teva voluntat.

Tu pots, usant correctament la força de la teva ment, canviar la teva vida completament i aconseguir el que vols, fins i tot allò que sembla impossible. Pots ser la persona que vols perquè no hi ha limitacions al teu pensament. **La teva ment no té cap limitació, la seva meravellosa funció és il·limitada.** Pots ser la persona reeixida, exitosa, pròspera i afortunada que desitges. Pots ser-ho, si tu ho vols, perquè la teva força de voluntat i convenciment provocarà els mitjans i maneres per aconseguir el que desitges.

Al llarg del dia tenim entre dotze mil i cinquanta mil pensaments. Però moltes persones tenen només un pensament que és repetitiu i que al final pot arribar a sumar els cinquanta mil. Pensar massa en alguna cosa sense fer res per solucionar-ho genera ansietat, aquesta sensació és enemiga dels nostres anhels. Però quan penses molt en alguna cosa amb il·lusió i entusiasme el resultat final podrà ser positiu.

La realitat i objectivitat és clara: l'ésser humà mai ha pogut crear res que no hagi estat imaginat primer i posteriorment impulsat pel desig. Amb l'ajuda de la concentració i la persistència l'ha fet una realitat. Cada pensament que tens, conté creació en potència. Així, si penses moltes vegades que estàs malalt, el teu pensament mou les molècules del teu cos per a produir malaltia. El mateix passa amb les estructures que estan fora del teu cos, si penses constantment que ets pobre es produeixen els fenòmens al teu entorn que et porten a la pobresa. Aquesta és la forma com funcionen els pensaments, creen la realitat.

Però, per a que un pensament es faci realitat, has d'estar convençut, tenir acceptació plena. En nombroses ocasions a la consulta mèdica hem vist com un pacient millora la seva salut o es cura amb tan sols donar un medicament "placebo" creient que aquesta composició química que té la pastilla, és la que li produeix el canvi que li dóna la salut, quan realment ha estat la seva seguretat, és a dir el seu pensament, el que li ha donat la salut.

La millor evidència d'això és la que puguis viure tu mateix, la que experimentis a partir d'ara.

Desenvolupar la teva concentració cap al teu objectiu eliminant els pensaments febles, negatius i la teva energia incorrecta, serà el teu hàbit des d'ara. Comences a tenir tranquil·litat mental i concentració pura. Tu, que ets energia única d'aquest univers, pots centrar els teus pensaments i crear en tu mateix una força per a que la teva ment passi de confosa, negativa i atordida a una ment alerta, productiva i positiva.

Quan et concentres apropiadament per aconseguir el que vols, enfoques tota l'energia de cada molècula del teu cos i el teu entorn en una sola direcció. D'aquesta manera es genera una força personal. En centrar totes les teves estructures en harmonia, la salut i l'amor com a únic espai habitable, produeixes efectes meravellosos que poden semblar miracles.

Fer d'això un hàbit et desperta a una altra dimensió. T'adonaràs que t'encanta concentrar-te en el teu objectiu perquè sents felicitat. T'omple d'alegria i sensacions positives pensar que has aconseguit la teva meta. I segueixes pensant en això ... fins que ho veus físicament aconseguit.

AVANÇA

"La felicitat és una elecció diària, no la trobes en l'absència de problemes sinó tot i tenir problemes!"

Els hàbits i rutines poden controlar les nostres vides i bloquejar les nostres oportunitats de noves idees i imaginació. Els hàbits produeixen resultats a la teva vida (entorn) i a les funcions del teu cos. I aquestes respostes de l'entorn generen una reacció al teu cos i a la teva ment (acció-reacció). Així es repeteixen els dies de la teva vida mesos rere mesos, anys rere anys, qui sap fins quan.

Els pensaments generen energia i aquesta s'allibera pel mateix cos. Si generes idees negatives, sortiran per ell amb la mateixa intenció i si són positives, vius un altre món totalment diferent, agradable i ple.

Si sempre continues amb els teus hàbits monòtons, sense idees de superació o responent a tots els estímuls de forma mecànica (acció-reacció, un altre cop) les teves idees de la vida s'impregnen al subconscient amb un patró limitat, conseqüentment és difícil que tinguis l'oportunitat de tirar endavant i que tinguis èxit.

"Imaginar no costa res,

has d'emprendre el viatge al que t'agradaria viure"

Tot seguint la teva rutina de quefers, si canvies la teva forma de pensar i els impregnes positivament a la teva ment tindràs aquestes coses bones.

Quan canvies els teus hàbits i manera de pensar canvia la teva vida.

No et sentis feble o impotent perquè tu no posseeixes alguna qualitat. No hi ha limitacions quan tens la teva idea davant, sempre avança.

El meu amic Lluís a la facultat de medicina es queixava sempre de com era de descuidat amb els estudis i de les males qualificacions del company 'Carlitos' (amb afecte, en diminutiu com ens referíem a ell habitualment). Carlitos havia repetit tants cursos i assignatures que havia arribat a conèixer a tres generacions de germans, no tan distants entre ells, metges que havien passat per la facultat. Quan parlaves amb ell sempre parlava del seu projecte de tenir la seva pròpia clínica i donar-li atenció mèdica a el nombre més gran de persones possible. Uns 15 anys després de la nostra incorporació de metges, en Lluís em va enviar un correu explicant la seva sorpresa de com Carlitos era una de les persones més importants de la seva petita ciutat, perquè tenia la clínica més gran, amb els millors equipaments mèdics i de major capacitat de pacients a tota la província, a més del seu gran èxit econòmic. En Lluís en aquest correu es queixava també del seu propi sou i la quantitat de guàrdies que feia. No és el que anomenem intel·ligència sinó les emocions, el que regeix.

Carlitos tenia sempre la seva idea fixa, no veia obstacles durant la seva accidentada carrera de medicina, ni tenia un altre pensament que avançar, perquè ho tenia clar. I així va ser i així ha estat.

Sempre serà així mentre tu vulguis. Si canvies el teu pensament, canviarà el rumb del teu desig original. Avança amb la teva idea clara. No importa la teva condició. Si el teu ofici actual és escombrar els carrers, estar a l'atur, estudiant o bé tens un alt càrrec a una empresa, tu ets força creadora.

LA SALUT ÉS LA REALITAT QUE ET CORRESPON

"El poder que et va portar aquí, és el poder que et permet arribar a la teva meta"

Ets el creador de tot el que tens al teu cos i al teu entorn. Res existeix si no és que tu ho vols tant conscient com inconscientment.

Pots tenir dolor, febre i molts símptomes, sense tenir una malaltia i tan sols imaginant que la tens o ser suggestionat pel teu entorn (el comentari d'una altra persona, una lectura, etc.). I el contrari: estar patint un estat patològic i sentir el bon estat de salut al mateix temps, millora o genera salut.

Pensar o observar una malaltia sentint, contribueix a produir els mitjans per a la formació d'aquesta malaltia a la mateixa ment i posteriorment al cos. Pots observar, estudiar i conèixer una malaltia però has de sostenir el pensament de la veritat, que tu no tens aquesta malaltia, que estàs sa, que la teva realitat és la salut. Però si no hi ha necessitat de conèixer ni estudiar les malalties és millor que no ho facis. És millor viure el món de les coses agradables i deixar-se portar per elles.

Mantenir el pensament ferm que la salut és l'única existència quan les aparences semblen dir que hi ha malaltia, no és fàcil, sobretot si hi ha un dolor corporal. Però és possible quan intentes elevar-te cap al teu 'Jo superior' que controla la totalitat de l'existència, que té poder no només sobre el teu cos sinó sobre tot allò que els sentits puguin percebre. Tanca els teus ulls i respira profund sentint l'energia que recorre cada cèl·lula del teu cos. En aconseguir aquest poder, pots tenir el que vulguis. Perquè creure en la veritat, conèixer que ets el creador de tot el que existeix i que el teu cos no és el centre del món sinó, que ho és el teu pensament i existència, et porta al poder d'on has vingut. El poder que tot ho pot.

Has vingut de la gran energia que ha produït tot aquest món, tu i jo som energia d'una mateixa font i quan el teu cos mor, tornes a la consciència del 'Jo superior'.

"El teu cos és un vehicle per experimentar

en aquesta vida física la divinitat de vèncer aquestes barreres físiques"

Tenim l'oportunitat en aquest estat d'aparences físiques, d'aconseguir tot allò que ens proposem i d'assolir els objectius que vulguem. No perdem el temps centrant-nos únicament i constantment en el cos, vés a buscar els teus objectius abans de deixar aquesta vestidura! (cos). La vestidura és un vehicle per superar la prova. La teva ment és poderosa.

Un consell que et pot semblar desgavellat, però que és útil, per arribar a altres estats elevats és sentir-se un ésser suprem, omnipotent. No et recomano sentir que ets un gran home o una gran dona fent al·lusió a les diferències del sexe. Això últim ho pots fer, és just, però és més biològic que no pas altiu. La realitat del teu ésser no té sexe. Per tant ets magnificència regnant sobretot.

Les persones que no tenen objectius a la vida tenen un índex molt alt d'adquirir malalties. Els que tenen il·lusió per grans objectius o gaudeixen el que fan, normalment no donen atenció constant al seu cos i per tant no es queixen tant d'aquest. Moltes persones emmalalteixen just després d'arribar a la seva jubilació i no és perquè els toca tenir una malaltia precisament sinó perquè es senten improductius o bé la seva atenció ja no està en la creativitat que els mantenia ocupats.

Has de deixar tots els pensaments que no siguin productius, tot allò que vagi en detriment del teu objectiu, no permetis que s'apoderin de tu, les idees que destrueixen les teves metes o somnis. El que vols entre altres coses és tenir salut. La veritat és sempre positiva, la veritat és sempre bona per a tu, la veritat és el que creus i vols per a tu.

Emmalaltir no sempre és producte d'un pensament conscient de que estàs malament. En moltes ocasions són expressions corporals de la no acceptació a una situació o d'un conflicte emocional. Només cal endinsar-se en les múltiples històries publicades per la neuròloga de la seguretat social britànica S. O'Sullivan: epilèpsies, trastorns de les arrels nervioses, síndromes poc habituals i fins paràlisi produïdes per emocions inconscients. Et donen una idea del que el nostre cap pot fer sense ser-ne conscients. Aclareix en la seva publicació que no tots els seus pacients tenen malalties "imaginàries", però la majoria ho són.

A la meva consulta sóc testimoni sovint de com a una pacient que li fan mal els pits després de fer l'ecografia mamària i dir-li que està tot bé se li calma el dolor. Com pot ser això? El mitjà de diagnòstic (l'ecografia en aquest cas) és el mateix tractament del símptoma!

Les emocions són part del nostre pensament i la salut està lligada al nostre pensament. Com més preocupat, enfadat o estressat visquis, no només pots provocar allò indesitjat a l'objectiu final sinó que el teu cos rep la transmissió d'aquesta energia, catalogada de negativa, aconseguint una alteració de la o les funcions corporals.

Experimenta el següent, si vols. Parla malament d'algú durant uns minuts amb una altra persona, sent el que dius. No fallarà, com a molt en 48 hores tindràs algun símptoma digestiu, o muscular / articular o urinari, mal de cap... fes-ho i t'adonaràs del poder de les emocions. El que has de tenir en compte és que l'ésser humà té una memòria molt limitada i quan tinguis els símptomes, encara sabent-ho, no recordaràs o no relacionaràs la causa primordial amb l'efecte, però serà així.

Però si tens algun símptoma o malaltia en aquest moment, no pensis tant per què i quin va ser el motiu d'això. Abandona la idea de la malaltia com més aviat millor. El teu cos s'alimenta de l'acceptació que estàs malalt a la teva consciència i es perpetua mentre el teu pensament així ho cregui. Aquest món és de creure, creure com a sinònim de sentiment, sensacions i fe. Creu, per tant, que ets sa i estàs sa. Si poses límit a això pensant que la genètica, els virus, etc. són inamovibles, així serà per a tu. Per tant practica el bon pensament, et sorprendràs i voldràs tornar a experimentar coses noves. No et quedis amb el coneixement d'això, practica-ho. Tot el que et passa és producte del teu pensament. Activa i fes servir només el bon pensament.

NO HI HA UNA ALTRE VERITAT QUE EL QUE DIU EL TEU PENSAMENT

"L'única realitat és la que hi ha a la nostra consciència"

El teu pensament està ple de coses positives i bones per a tu. No hi ha espai per a un altre tipus de pensaments. Habita a la idea i fixa en la teva ment l'alegria de la salut, viu en aquest estat perquè tu pertanys a l'estat de salut i que tot et va bé, que ets exitós / a.

El teu pensament crida i crea les coses. La teva ment mou les teves cèl·lules. Pensa i imagina ara mateix que un ganivet molt afilat talla una llimona en dues meitats, esprem una d'aquestes meitats a la boca, sent com el suc de llimona toca la teva llengua i entra a la teva boca, i nota com ara mateix les teves glàndules salivals han secretat saliva a la boca. És fabulós! Així mateix pensa com de bé treballen les teves partícules a l'organisme, t'asseguro que es mouen harmoniosament, has d'estar convençut d'això perquè és així.

La teva vida està plena de coses bones i si en algun moment el teu pensament es desvia al negatiu o dubtes que sigui així, abandona immediatament aquesta idea com si fos un pecat o una infracció greu. La teva llibertat es mou a la veritat, a la salut i a les coses bones.

No escoltis arguments en contra del que vols, no llegeixis sobre allò que va en contra del que vols, no percebis per cap sentit el que està en contra del que vols. Si barreges els teus pensaments, tots els teus esforços no serviran, t'estaràs deixant dominar per la no veritat i tu pertanys el cent per cent a la veritat. Sent la veritat, rep la realitat amb tota la plenitud i gaudeix-ne. No importa el símptoma que sigui, el diagnòstic que t'hagin dit que tens, no importa el que els teus pares i avis, en teoria, van heretar al teu cos, no importa què és el que has cregut i creat abans, ara coneixes la veritat i has vingut a aquest món a vèncer i per tant el pla físic no és un obstacle per a tu.

Les persones que deixen influenciar negativament els seus objectius pel que diuen altres persones, no arriben mai a l'èxit. Sigues ferm a la teva decisió, tu tens el comandament de la teva realitat, que és la realitat.

Quan parles amb gent que ha tingut èxit en alguna àrea de la vida, t'adones que tots ells tenen un denominador comú, creuen fermament que el que fan triomfarà. Aquesta creença pot fer que les persones prenguin decisions que van a favor del desenvolupament del seu objectiu i encara que es puguin equivocar, sempre el resultat final és afavoridor. Això s'aplica a qualsevol cosa de la vida, això inclou la salut, una simple exposició o xerrada a un grup de persones, un estudi, un negoci, etc. El que passi està a la teva ment.

Però des del moment en què dubtes, no creus en això sinó en l'oposat, perdràs les armes per aconseguir la teva meta. Afortunadament pots canviar el teu pensament si te n'adones immediatament que estàs errant en la teva forma de pensar, per no permetre que els pensaments no desitjats tinguin cabuda al teu cap.

El teu pensament mana i és la base de tota existència. No hi ha res en aquest món que pugui arravatar-te la llibertat del teu pensament, encara que et deixis portar per algú altre o alguna creença, sempre serà voluntat teva. En el teu interior pots pensar qualsevol cosa i això ets tu, no és ningú més. Tu manes sobre tot, pensant el que vulguis i el teu pensament és infinit. És infinit i invencible. És l'arrel de la materialització de tot el que els teus sentits perceben.

Creu en allò que desitges, vivint-ho al teu interior com si ho estiguessis vivint a l'exterior. Toca, observa, escolta, olora... tot el que implica el compliment del teu objectiu. És fascinant comprovar una vegada i una altra com la vida física és només un reflex del què hem pensat.

Tancant els ulls i relaxant-se és més fàcil percebre el que la teva imaginació vol projectar. Tot el que permetis entrar al teu pensament d'aquesta manera i de forma reiterada vindrà d'una manera o d'altra, a la teva vida física. Pensa una vegada i una altra en el que vols amb una sensació de felicitat i satisfacció d'haver-ho aconseguit. No hi ha una altra veritat que el que diu el teu pensament.

QUÈ PASSA SI TENS UNA MALALTIA?

"Així com pots provocar una malaltia perquè ho creus o per suggestió, també pots curar-te"

Llavors: "Vols Dir que el mal de panxa que sento, l'al·lèrgia als fruits secs i l'arítmia cardíaca que tinc són falsos? Estic sentint com afecten a la meva salut!"

No és una negació al que sento, és una afirmació de la realitat: ets el creador de tot el que tens al teu cos i al teu entorn. Res existeix a menys que tu ho vulguis tant conscient com inconscientment.

Mentre els teus metges s'encarreguen del teu problema corporal, el teu pensament hauria de ser pur cap a tu, pensa com es de meravellós el que sents en aquest moment, tampoc diguis "estaré sa" ,digues "estic sa", "sóc sa". No concentris la teva atenció al teu cos, aquest és un vehicle en aquesta vida per aconseguir els teus objectius i no el resultat final de la vida. El resultat final és la glòria de dominar 'tu' sobre el teu cos i la resta d'esdeveniments al teu voltant.

Deixa'ns als metges que ens ocupem de la teva malaltia mentrestant tu fas la teva vida pel teu compte sense parlar del teu problema.

"No parlis de la malaltia,

no diguis sóc malalt de ... o estic malalt de ... "

No parlis del problema de salut, no pensis constantment en això, fer-ho genera més malaltia. El teu pensament mou les cèl·lules, genera més mediadors bioquímics i això hauria de ser per a bé. Entra en estat grandiós de salut, benestar i èxit tancant els ulls i percebent la grandesa de ser tu, de percebre la vida amb cada inspiració.

Seu còmodament o jeu al llit, digues i sent: "sóc sa, sóc sa, sóc sa", repeteix i si sents que t'estàs adormint, està bé, si no també és bo, has de sentir-ho, has de viure-ho. Aquest missatge arribarà a la teva consciència i al teu subconscient.

La resta del dia sigues positiu en tot, pensa que tot el que t'envolta ho has creat tu i ho has atret i quan puguis, meravella't de com de grandiosa és aquesta vida, a la què has decidit venir.

A algunes sales d'espera se sent parlar als pacients de les seves malalties. Quan he realitzat ecografies prostàtiques, en diverses ocasions l'auxiliar d'infermeria diu que en sortir a la sala escolta com un pacient presumeix de tenir la pròstata més gran que l'altre senyor. Per què no es discuteixen per tenir-la normal? Quan s'acaba el tema de la pròstata la "competició" és de qui té més cirurgies al cos. Aquestes converses són la base del desenvolupament d'una malaltia ja existent i que criden altres noves.

Continuaràs amb la malaltia (física o abstracta) que tens, per la resta de la teva vida? Tot el que t'ha causat dolor i encara et causa vols viure-ho per la resta dels teus dies? Vols realment un canvi! I vols ser feliç en tots els aspectes! Així que comença a sentir ara aquesta felicitat. Sent la força poderosa del teu ésser que ha vingut a aquesta vida física per experimentar la gràcia i poder sobre el teu cos i les coses del món. Tu manes sobretot, el teu cap és l'origen i el final de tot. La teva ment mana a les teves cèl·lules i al teu entorn. Convenç-te de la realitat: ets l'energia que governa aquest univers.

Anul·la tot tipus de pensament i informació que et pugui suggerir malaltia. Ets sa i el teu món és exitós, creu, és la realitat. Visualitza't vivint en un cos sa perquè és el lloc de la teva veritat.

SENTIR ÉS FONAMENTAL

"Sóc fill de l'energia de la creació o Déu, com vulguis dir, per tant sóc Déu i infinitament creatiu i tinc poders. Qué millor que aquesta realitat per poder fer tot el que vulgui?"

Aquest món funciona per sensacions, emocions. Per tant, encara que diguis alguna cosa si no ho sents, no serà així.

Per exemple si vols menjar un plat concret, recorda la seva olor i el seu sabor i el pots sentir al teu nas, a l'interior de la boca, viu gaudint a la teva imaginació aquesta agradable sensació. Convenç-te que ho estàs menjant, mentre perceps amb l'olfacte i el gust imaginaris. El veuràs en la realitat física així. Generes les vibracions perquè es produeixi, vivint en el present la sensació.

No ho qüestionis, tampoc ho creguis. Experimenta tu mateix tal com t'ho explico, fes-ho amb això i amb altres coses, les que tu vulguis però sempre sentint com si fos real (tacte, olfacte, vista, etc.) en el moment present.

"L'èxit està al teu cap"

Qualsevol cosa que no creguis serà així per a tu. Creure és sentir. Creure és una acceptació. Creure és produir una realitat.

Fa un temps, cada vegada que estava rentant-me les dents, em venia un pensament involuntari, sentia com s'acostava a la porta del bany un delinqüent que volia pegar-me amb una barra de ferro, mai recordava això sinó quan estava al bany cada matí, però feia un esforç per evadir aquest pensament absurd. Això va estar al meu cap per aproximadament un any fins que em va passar el següent: Un dia que tornava del taller d'escultura a casa, vaig decidir agafar el metro i no caminar. En passar per la porta automàtica que permet l'entrada a les andanes, es va acostar a la meva esquena, molt a prop, un home, per passar amb el meu tiquet sense que ell hagués de comprar un. Però jo no sabia que estava passant, en veure-ho tant de prop em vaig girar i em vaig portar la mà a la cartera pensant que la seva intenció era robar-me. L'home amb cara de malcarat, molt alt i de rostre esgarrifós va aixecar una barra de pa baguette que portava en una de les mans i em va amenaçar de colpejar-me amb aquesta barra de pa, si no el deixava passar (et pots imaginar, el mal que pot fer una barra de pa, però aquest moment jo no sabia què era, vaig veure una barra de ferro), em vaig apartar sobtadament i vaig cridar policia!, amb veu d'auxili i desesperació. L'home va fugir baixant per les escales i se'n va anar en el primer metro que va passar, mentre jo estava impàvid, gairebé sense poder avançar. Quan s'allunyava vaig veure que el que portava a la mà era una barra de pa. En arribar a casa em vaig adonar que el que m'havia passat era pràcticament el mateix que el pensament repetitiu i paràsit que m'abordava cada vegada que em raspallava les dents. L'aspecte de delinqüent que jo vaig veure era semblant al del meu cap, la barra de ferro era un pa.

Et convido a sentir coses bones, a esperar notícies bones. Que la meva experiència et serveixi, però experimenta amb coses bones.

No et vegis reflectit en una pantalla com en una pel·lícula. Viu el que vulguis experimentar en primera persona. No miris la teva pel·lícula, viu en primera persona, mira les teves mans com actuen formant part del teu propi cos, sent com els teus peus trepitgen el lloc que vols visitar, no vegis com camines a la llunyania. Toca i sent el tacte, no miris com toques a la llunyania. Viu ara, sent tu sense sortir-te de tu.

Sentir a la teva ment com si sentissis, si toquessis o veiessis és part de la creativitat física. La teva consciència és l'única veritat.

EL TEU ENTORN

"No esperis que la ciència (o la televisió) expressi la forma de com funciona el cervell o la vida sinó que experimenta ara perquè tot està en tu"

Llegir sobre alguna cosa produeix més sobre el mateix. Parlar i comentar sempre alguna cosa en concret produeix això del que parlem. En el camp de la medicina es parla molt de l'increment d'algunes malalties, de l'augment de persones amb una determinada patologia i no som conscients que en parlar molt d'això estem incentivant la creació en la ment, d'aquests patiments. Quan una persona parla o pensa del mal ambient que té a la seva feina no està fent una altra cosa que produir més malestar en ell. El nostre pensament ha de ser íntegre en la veritat. Repeteix: sóc sa, sóc una persona exitosa.

No has de deixar passar a la teva consciència a les influències negatives, siguin quins siguin els seus orígens.

Per no permetre el pas d'aquestes fonts negatives a la teva consciència has d'allunyar-te de les notícies desagradables que puguin arribar-te. Reflexiona sobre això: la vida porta "existint" milers i milers d'anys, tu ets aquí per una misèria de temps (70, 80 o 52 anys) de tot aquest llarg recorregut de vida que existeix. Tot el temps, des dels seus inicis, aquesta vida ha tingut crims, injustícies, desfalcs, accidents, etc. des d'abans que nasquessis, molt abans i després de la teva mort seguiran havent-hi. Per tant, el poc temps que ets aquí, et quedaràs impàvid omplint el teu cap d'aquests esdeveniments que l'únic que fan és provocar-te situacions negatives a la teva salut i fracàs en els teus objectius? Anul·la tot això, aprofita aquests dies, gaudeix de la teva volàtil vida terrestre fent el que més t'agrada, no t'emmalaltissis amb el que està passant a l'altra banda del món, no faràs res tu més que emmalaltir. Si alguna cosa pots fer, és pensar i imaginar que tota la població és feliç i que viu en harmonia. Això et genera unes ones positives que et beneficien a tu i la humanitat sencera.

La mateixa sensació per a la prosperitat. Quan els noticiaris parlen retòricament de les crisis, la població assumeix que vivim tots una crisi. Però la no consciència d'una situació per més real que sigui et dóna via lliure al teu camí. No escoltis les dificultats econòmiques de la teva regió, país, etc. tu pots tirar endavant independentment del que diguin els mitjans de comunicació, no deixis condicionar la teva vida pel comentari o criteri d'algú. Viu ferm el teu somni, que és el teu èxit.

"Les males notícies del món et generen angoixa

i alteracions biològiques.

Aquests problemes universals han existit sempre,

te n'aniràs d'aquesta vida espantat i sense aconseguir els teus objectius. "

Recorda: la vida porta "existint" milers i milers d'anys, tu ets aquí per una misèria de temps 65, 88 o 42 anys, ara i tu són l'única realitat. Mentre estiguis en aquest cos burla aquesta naturalesa creant amb la teva imaginació la realitat física.

T'adonaràs que canviant la teva forma de pensar cap a les coses bones, agradables i harmòniques, canviarà també el teu entorn. Això explica per què tenim als companys de treball que tenim, clients, veïns, amics, etc. L'arrel de la teva vida està al teu pensament i si et deixes portar per les coses dolentes que sents, que sempre han existit i existiran, condicionaràs la teva curta vida física al malestar.

Quan algú et parli malament d'una altra persona, canvia les seves paraules mentre ho sents, per elogis i coses bonament sorprenents. No importa si la teva expressió canvia davant d'aquesta persona, no importa el que diguin, tu saps en què consisteix aquesta vida. Les coses dolentes d'un altre són les coses dolentes de tu. No participis de les crítiques ni de les desgràcies, elles són eternes, d'aquí a mil anys existiran també, però tu en aquest món tridimensional, estàs jugant amb el temps i l'espai la qual cosa té un límit. Ets superior a qualsevol cosa. L'entorn i el que t'arriba és bo quan el teu pensament és bo.

LA TEVA IMAGINACIÓ

"En ser fills de l'univers som hereus del poder de la creació, per tant la prosperitat és un dret de naixement"

La vida ens impulsa a assolir més alts i superiors nivells de consciència cada vegada i es manifesta per mitjà del desig. Usant la grandiosa imaginació humana per aconseguir aquests desitjos l'ésser humà està vivint a Déu en acció. Déu està dins de l'ésser humà com la imaginació.

"La teva pròpia imaginació humana, és Déu en moviment"

L'home pot tenir molts objectius i metes, béns, poder sobre una comunitat, ser famós, etc. però al final li vindrà el desig de conèixer a Déu i tindrà llavors experiències que li recordaran que ell és el veritable i únic Déu.

SI VOLS CANVIAR EL TEU MÓN, HAS DE CANVIAR LES CREENCES

"La vida és producte d'una essència que gestionem mitjançant la voluntat i els desitjos"

La consciència és l'única causa del que passa, no pots culpar els altres per les condicions que actualment passen per els teus sentits. No és el destí ni la sort la causa del que ara experimentes. Només un canvi a la teva pròpia consciència pot alterar el curs dels esdeveniments de la teva vida. Qualsevol cosa que en aquest moment està passant en la teva vida i que tu veus real i immodificable és un reflex del teu moviment mental en el passat. D'aquesta manera un canvi de pensament-consciència, independentment de qualsevol situació, reflectirà el canvi en el futur, igual que els pensaments anteriors t'han condicionat el present.

Tot el que perceben els nostres sentits, el que sentim, llegim, olorem, etc. forma a la nostra consciència una creença a partir d'aquesta evidència que hem acceptat. La nostra ment les accepta com certes i els atorga un sentiment forjant-les al món exterior. Si un pensament no ha estat associat a una acceptació o sentiment, no es projectarà.

> *"Estàs segur que demà serà un altre dia,*
>
> *per això hi ha un altre dia.*
>
> *Perquè no hi ha res que et faci dubtar d'això"*

Així, totes les emocions bones o negatives són creatives. L'objectiu per tant en la nostra qualitat de vida és no permetre el pas a la nostra consciència de tots els senyals negatius. No es veritat que, no deixaries dormir a casa teva al delinqüent buscat per la policia? No permetis que entri en la teva consciència tot allò que et genera una sensació negativa.

El paradís està en tu, tot l'agradable que puguis sentir en salut, en beneficis, en amor, està dins teu i això et fa viure el paradís. Quan ets més que el teu cos i sents la poderosa existència sabent que ets el creador de tot el que existeix, estàs vivint al paradís.

Vivim el que vivim perquè acceptem el que la nostra ment passivament accepta. Quan ens adonem que podem modificar aquestes acceptacions hem de canviar sense por al que volem, encara que això porti amb si un canvi del teu discurs. No tinguis por del que diran. Les persones al teu voltant podrien dir que estàs sent poc realista en parlar d'un desig que sembla difícil o impossible d'assolir. Més aviat nosaltres hem de ser poc o gens 'realistes' davant de la immensitat de dubtes, per poder experimentar el nostre desig complert. L'hàbit és l'únic que manté a la nostra ment movent-se en els vells i negatius camins familiars. Ningú pot canviar els teus patrons de pensament i per tant la teva vida, sinó només tu. Val tot esforç perquè puguis centrar-te i sentir com seria si ja tinguessis el que somies, en lloc de seguir mantenint en la teva ment les coses com són en aquest moment.

La teva consciència és l'única realitat i l'única causa de tot. Totes les experiències desagradables que has viscut van estar prèviament en la teva ment donant-los la teva atenció directa o indirectament lligant-la a un sentiment. Per tant, si vols canviar el teu món, has de canviar les teves creences. Tot el que la consciència ha fet, ho pot desfer. La teva funció primordial és fixar i imprimir en la teva ment el canvi que vols expressar. La teva ment és el poder creatiu que produeix la realitat que s'està complint a cada minut.

El que imagineu amb sensacions o emocions es projectarà demà. Has de ser persistent assumint que ets la persona que vols ser malgrat les teves circumstàncies actuals. Canvia les teves creences. Entra a la teva imaginació i assegura't que estàs executant l'acció realment, tocant un objecte, sentint les paraules que vols sentir. Has d'entrar en el somni com si realment estiguessis allà. Fes del "allà", el "aquí" i del futur el "ara". Canvia les teves creences que canviarà el teu món.

CONVERSES MENTALS

"La millor aportació que es pot fer a la humanitat és ensenyar la capacitat del poder de la ment. És la base de tot desenvolupament personal i de la societat, en tots els aspectes"

Tots parlem mentalment o mantenim converses en el nostre interior de diverses situacions amb nosaltres mateixos o amb altres persones. Aquestes converses internes han d'estar en harmonia amb el nostre desig ja complert. Així per exemple, si volem millorar la nostra salut i ens imaginem que li diem a un amic "em sento fantàstic, estic molt content" haurem de pensar coses que es correlacionen amb aquest estat. Hem d'estar segurs per dins que el que diem, ho estem sentint i no el contrari com ara "aquest problema és crònic, no ho solucionaré" o "a la meva edat és molt difícil que es curi això" o declaracions semblants que implicarien que no tenim el que desitgem. Hem de persistir en la sensació de la nostra imaginació positiva i fer que les nostres converses s'ajustin al que diríem si ja haguéssim assolit el nostre objectiu.

"El que parles a soles, ho estàs creant.

Parla només de coses bones amb la gent que vulguis"

El meu amic Antoni em va dir en una ocasió que el seu fill post-adolescent tenia una conducta difícil cap a ell i que la seva rebel·lia complicava la relació pare-fill, que portava així molt de temps i cada vegada que intentava parlar amb ell resultava una situació molt desagradable. Això el turmentava. Jo, havent conegut i experimentat la capacitat del pensament, li vaig proposar que imaginés durant la nit abans d'anar a dormir que allò que ell volia transmetre al seu fill ho admetia com agradable i que mantenien una conversa encantadora, sentint la veu del seu fill dient "gràcies papa". Així ho va fer. A la nostra següent trobada, l'Antoni em va dir que havia millorat substancialment la relació amb el seu fill. Estava sorprès.

No hi ha ningú a qui canviar, a la vida pràctica, sinó a un mateix. Canvies els teus pensaments i canviarà el teu entorn.

Les nostres converses mentals són tan creatives, com la nostra imaginació, conduïda al desig complert. Són més forts sempre els pensaments negatius que els positius perquè són més fàcils de creure per a tu.

Després d'una discussió amb algú és molt freqüent que puguis reviure el que ha passat pensant i tornant a dir les coses que ja vas dir o canviant-les per unes altres o bé afegir-les. La teva baralla segueix de forma virtual, la qual cosa perllonga la vida de la baralla. Però això passa sense que hagis tingut una baralla amb algú, això passa cada dia. Estàs parlant constantment en el teu interior. Normalment aquestes converses internes estan lligades a un sentiment i això condiciona la teva vida a què això passi. Ho he experimentat en moltíssimes ocasions, les meves converses amb mi mateix o imaginàriament amb una altra persona s'arriben a materialitzar parcial o completament.

Després de la teva jornada habitual o fins i tot durant ella, conversa amb tu o amb una altra persona imaginàriament, sobre el que t'agradaria o t'hagués agradat que passés. Escolta com t'estan dient coses bones i tu agraeixes. Si ha passat una cosa que no ha estat del teu agrat, reverteix l'esdevingut a la teva ment, parlant tal com t'hauria agradat que passés.

No et vagis a dormir protestant sobre alguna cosa o revivint les coses que no han estat bones. Canvia-ho tot a la teva meravellosa ment, que a aquest món de reflexos ho veuràs materialitzat.

Les converses mentals són els elements més freqüents de condicionament de les nostres vides, perquè estan lligades normalment a una creença o sensació com si el que vius a la teva ment fos realitat. Els problemes de la feina, amb un familiar o un amic, tot ho pots canviar a la teva ment amb una xerrada amena tal com t'hagués agradat que fos en la realitat. No et desviïs a les coses desagradables, recorda que la ment humana tendeix a creure amb més facilitat les coses negatives.

Fes un canvi radical i no oblidis això mai. Parla amb algú sempre a la teva ment de coses bones. Parla amb tu mateix si no es tracta de resoldre algun problema i digues "quant èxit tinc".

TENDÈNCIA NEGATIVA

"Modificar la vida canviant l'estat mental, és el gran descobriment que actualment estem vivint. Podem, sobre la base del pensament positiu, productiu, de salut i prosperitat, millorar i arribar a una gran qualitat de vida"

L'ésser humà té una predisposició a pensar negativament a la majoria dels seus actes diaris o objectius: "no sortirà bé aquest projecte", "tindrem un accident segur", "et robaran tot el que tens", "amb aquest fred agafaré una pneumònia..." Aquesta característica general de l'home ocorre a la seva vida de la mateixa manera.

"La tendència a pensar negativament fa que ens quedem moltes vegades a la nostra zona de confort.

Si no arrisquem, no guanyem"

Aquest és un gran obstacle que tenim per avançar en tots els aspectes de la vida. És més fàcil que creguis que no pots, que pensar que ho aconsegueixes, això ja ho té assumit el teu subconscient, per això predomina davant d'un desig positiu. Vèncer la negativitat és el propòsit i trencar amb aquest costum alimentada per l'entorn o per nosaltres mateixos.

El 16 d'abril de l'any 2.016 a les 18:58 hores (06:58 AM) va haver un terratrèmol a Equador, una de les ciutats més desbastades va ser Portoviejo, lloc on vaig néixer, per cert també un 16 d'abril però a les 06:58 (06:58AM) i 43 anys abans d'aquesta desgràcia. Quan va ocórrer aquest terrible succés l'administrador d'un hotel va quedar atrapat sota la runa (com li va passar a centenars de persones) i va ser rescatat amb vida després d'estar dos dies sepultat. El van portat a l'hospital i en sortir li va preguntar un mitjà de comunicació que com vivia el dol de tota la seva província, al que ell va respondre "quin dol? La gent ja està treballant per tirar endavant". Després de pocs dies un altre mitjà de premsa el va anar a entrevistar pensant que estava guardant repòs i en procés de recuperació i no el va trobar a casa seva, havia sortit a comprar materials d'ebenisteria perquè estava ja treballant i va dir, en tornar a casa mentre carregava uns blocs de fusta, "no necessito ajuda de ningú, només vull treballar, cal tirar endavant ...!" Sorprenent!, aquest home no va mirar enrere en cap moment, durant la seva desgràcia sota runes sempre conscient del que passava, va mirar i va viure el futur optimista que el va treure d'allà i va continuar amb els seus pensaments positius que li van donar una nova vida.

És la diferència entre negativitat i positivitat en la teva ment. Es reflectirà a la teva vida de diverses maneres. Sigues sempre positiu.

Com t'he explicat en el capítol anterior, és una predisposició de la majoria dels éssers humans i tot el negatiu que ve a les nostres ments és més fàcil que ens ho creguem, en general. La por, la inseguretat, el dubte són predominants. Però la bona notícia és que pots donar-li la volta a aquest hàbit. Primer, has de ser conscient que tu estàs creant la realitat a mesura que penses i segon, has de recordar això sempre. La vida de cada dia ens aïlla d'aquests coneixements i mentre t'ocupes de les coses habituals, pots no recordar-ho, però quan fas d'això la teva forma de vida et serà molt fàcil. Sabent això, les coses que et vagin passant i et provoquin alguna emoció, també et recordaran que és el teu pensament qui l'ha produït.

No permetis que la tendència negativa s'apoderi de tu. No sentis les coses que van en contra. L'entorn pot no ser favorable a la teva idea. Resisteix i fuig del que diguin. El teu pensament és més poderós que qualsevol altra energia. Manté el teu pensament encara que, els noticiaris diguin que la situació del teu país és dolenta o que les persones et diguin que el que estàs fent és desgavellat. Tot el que acceptis i creguis així serà per a tu, independentment del que hi hagi al teu voltant.

Provoques absolutament tot el que tens dins i fora de tu. No juguis al negativisme perquè ja saps què t'espera. Les tendències negatives són les causants del fracàs i d'algunes malalties. Renúncia a això i viu la bondat de les coses agradables.

REVISA EL PASSAT A LA TEVA MANERA
(com voldries que hagués estat)

"Estem harmoniosa i afortunadament presos a l'espai-temps d'aquesta vida física per generar sensacions que no depenen de l'espai-temps. Quan imaginem, podem vèncer a l'espai-temps, així curiosament tenim el que volem"

Tot el que vius en aquest moment és producte del que creus veritable per a tu mateix en tots els aspectes. El que imagines ser avui, es reflecteix en el futur. El que veus aparèixer en el teu món present, indica el que has sembrat amb el teu pensament prèviament, tant si ho recordes com si no.

Tenir la sensació del teu objectiu complert és utilitzar el teu pensament de forma creativa per atraure el món el que vols experimentar. Pots canviar a la teva ment els fets que han ocorregut en el passat imaginant el que t'hauria agradat que hagi passat, sempre amb el resultat final més desitjat. Així, si el teu cap de la feina t'ha dit alguna cosa desagradable, no revisquis el que ha passat, imagina que et felicita i et diu "estic molt content amb el que has fet" o "et felicito", sent, escolta la seva veu, oblida't del que les teves oïdes han escoltat i viu la teva nova realitat. Si reacciones sentint-te deprimit o assumint qualsevol altre estat negatiu, tornaràs a experimentar el mateix estat negatiu o rebuig en el futur.

És important revisar el dia que has viscut, les reaccions negatives que has tingut de tal manera que les revisquis tal com t'hauria agradat haver-les viscut i no emmagatzemar a la teva memòria aquest mal record.

"El que ha passat pot ser modificat si revises, al teu gust, el que has viscut.
Això és moviment spin de les molècules"

Això que tu penses amb sentiment o alguna emoció és una vivència real, ho viuràs i experimentaràs a la teva vida física. Tot el que vius és producte del que abans has sentit en el teu interior. La vida exterior és un reflex de la vida interior en un altre moment, en un lloc determinat. Revisar d'aquesta manera el passat, produeix per tant, un canvi en els esdeveniments ja ocorreguts.

És salut revisar el passat i canviar-ho. Si tornes a viure ferides del passat, injúries, baralles o injustícies estàs perpetuant aquestes vivències i crees un bucle del qual no pots sortir. Si recordes constantment l'injust que va ser la teva ex-parella et trobaràs amb una altra persona que et faci viure les mateixes sensacions o similars. S'ha de tallar amb tot el que no vols canviant-ho per sensacions totalment agradables, tu manes en el teu món, les persones i entorn només et serveixen al que disposin els teus sentiments i emocions.

Igual que t'he explicat al capítol de *converses mentals*, reviure a la teva ment una situació concreta provoca els canvis en el món tridimensional. No importa el que ha passat. Reviu el que ha passat de la forma com t'agradaria que hagués passat. La teva nova vivència a la vida física passarà, si no és igual completament, serà molt similar al teu desig.

Les estructures més diminutes de tots els objectes inerts i vius estan en constant i ràpid moviment i no és possible definir el lloc exacte en un moment determinat d'aquestes estructures. Tu decideixes on i quan estan totes i cadascuna d'elles i sempre encertaràs. D'això en diem física quàntica. S'hauria de dir simplement física perquè és el que passa a cada segon en aquest món físic.

Mou les molècules amb la teva ment, en el temps ja transcorregut al lloc que vols, sempre hauràs encertat. El que vols: on està en el present, també va estar en el passat i estarà en el present, sigui concret o abstracte. Ho tens, només ho has de voler.

PARLAR DEL FUTUR SEMPRE ES QUEDARÀ EN EL FUTUR

"El futur és la conseqüència del present. Si sempre penses en el futur no arribarà el teu desig, perquè es manté al futur"

Una màxima de les persones que tenen èxit és pensar sempre, que el que volen, ja ho tenen. Això ens ho han dit moltes vegades i som reticents a creure-ho, però és tan cert, com que existim.

El temps és mesurable a les nostres vides, però no ho ha de ser, si mires amb el teu ull intern el que desitges, com si ja ho tinguessis. Quan imagines una cosa has d'anul·lar els teus cinc sentits corporals i el sentit del futur i passat. Vius en un etern present. Pensar en "tindré", "viuré", "seré" són i seran sempre futur i no els assoliràs si no sents, tens, vius i ets en el present. Pots parlar en futur però si el que dius ho sents en aquest moment com si fos ja ara, estàs ben encaminat. Un exemple d'això és la tenacitat primerenca d'en Salvador Dalí dient als 15 anys: *Seré un geni, i el món m'admirarà. Potser seré menyspreat i incomprès, però seré un geni, un gran geni, perquè estic segur d'això.*

Dalí es va sentir geni des de l'adolescència, expressant-ho en futur, però afirmant la seva seguretat en present.

La meva recomanació és: Pensa i sent ara. Digues a tu mateix "sóc ... .. (posa aquí el que vols ser)" i "m'encanta ser ... ..", "sóc tot un èxit".

La teva imaginació és sempre present. Els records els vius al present i criden al passat, així que mentre no siguin bons, desfés-te d'ells, si no estàs condemnat a viure sempre el mateix.

L'èxit s'aconsegueix ara, imaginant en aquest moment, sentint ara. Has de sentir de la manera més real possible i amb la quantitat més gran de detalls.

La sensació del futur, és producte de la consciència que avancem exclusivament cap endavant i que el temps no perdona. Del passat hem de pensar simplement que ja ha passat. Quan vius amb aquestes sensacions és així per a tu, a la teva vida diària i tot el que pensis en futur es quedarà en el futur. A no ser que mentre parlis en temps venider, estiguis sentint interiorment l'ara. Sempre, el que sents, és el que predomina. Mentre parlis sense creure-t'ho ni sentir-ho, el que diguis no té força d'execució.

Si jo vull saber qui ets, et demanaré que em parlis de tu. Llavors em diràs "sóc ..." "Tinc ...". Si et pregunto qui t'agradaria ser, em respondràs dient "voldria ser ...", "m'agradaria tenir ...". Ara mateix respon a la meva pregunta, qui ets? I respon si us plau en primera persona del present, el que t'agradaria ser. Parla'm de tu, del que vols ser, sentint el que anheles ser ara, no em diguis que en el futur seràs, explica'm com ets d'afortunat i com et fa feliç tenir el que tens. M'agrada escoltar la teva realitat exitosa.

No pensis que el temps passa i no aconsegueixes el teu objectiu, això genera una sensació desagradable o negativa i això, al seu torn, limita l'execució dels teus somnis. Tot arriba si ho fas bé i mai és tard.

Necessitem els rellotges i els calendaris però utilitza'ls per l'estrictament necessari, no per desesperar pel més important de la teva vida. "Que bé saber que tenim temps per imaginar!" És el pensament que hem de tenir en compte, si ens queixem, el desitjat no arriba.

I hi ha persones que es queixen fins de no tenir temps per pensar. És difícil pensar això. Només el moment que necessites per anar al lavabo és un temps crucial per pensar. O quan el semàfor està en vermell i has d'esperar un moment al teu cotxe fins que canviï la llum al color verd. Aprofita cada moment per pensar en positiu, en imaginar el teu objectiu, en tenir una conversa favorable o canviar el passat. Però en temps present.

La sensació de pensar en temps futur no té força creativa. Quan canvies al present sents l'energia del somni realitzat. Quant costa això? Res. No hi ha excuses ni raons. El temps és sempre ara. Comença a sentir tot el que vols ara i en primera persona.

VIU EL FINAL

"L'acceptació de la fi mana als mitjans"

Seu a una cadira còmoda o jeu sobre un llit, tanca els ulls i imagina amb una sensació real que estàs vivint el que vols. Has d'imaginar amb detalls, alguna cosa en concret.

Imagina que li demanes a un amic totpoderós i generós alguna cosa sense saber què demanar, per exemple "vull alguna cosa que em faci sentir gran" no sabrà què donar-te però si li demanes alguna cosa en concret, dient-li vull tenir aquest rellotge de tal marca i de tal model i d'aquest color, el teu amic sabrà què donar-te. Així has d'imaginar el teu desig, amb detalls.

Aquest acte ha de ser curt i repetit. Perquè quan penses diverses o moltes coses la teva ment tendeix a divagar i perds el sentit de la teva concentració. Per exemple, voldria ser contractat en "aquesta" nova empresa, el que he de fer és imaginar-me dins d'un dels seus despatxos mentre el cap em dóna la mà dient "benvingut al seu nou treball" i sento la seva mà com toca la meva, com un gest de felicitació. Aquest mètode de sentir la mà d'algú en concret dient el que vull escoltar, m'ha servit a mi personalment en diverses ocasions per aconseguir el que jo esperava. Però pots fer infinitats de coses segons el que vulguis, obrir una porta, veure com els teus peus caminen per un lloc en concret, dir que et sents fantàstic, assaborir algun aliment, sentir la presència d'alguna persona determinada, etc.

"No és el teu assumpte saber com obtindràs el teu objectiu.

Intentar esbrinar-ho és sinònim d'ansietat i trunca el camí"

No pensis en els mitjans de com adquirir alguna cosa

Has d'imaginar el resultat final no una forma d'obtenir-ho, perquè no saps quines coses poden portar aquests mitjans. No ens importa com s'aconsegueixen els recursos ni com es succeeixen els esdeveniments.

Així per exemple, si vols un ascens a la teva feina, no imaginis que parles demanant una millora de les teves condicions laborals amb el teu cap, a ell el podrien canviar o no estar en uns dies, imagina millor que els teus companys et congratulen i et diuen "felicitats pel teu ascens". Sent el resultat final del teu desig.

Quan imagines els mitjans de com adquirir alguna cosa, estàs cridant a aquests mitjans que no et garanteixen el resultat final. El teu objectiu en la realitat vindrà per una altra via que, el més segur, no tindràs ni idea de quina és. Quan hagis aconseguit alguna cosa, només imaginant el resultat final recorda aquesta frase que t'envia la vida: "Tinc camins que no coneixes".

Un cop experimentat un cas, només assoliment amb aquesta tècnica meravellosa, n'hi ha prou perquè els següents esdeveniments els imaginis només amb el teu objectiu complert. T'adonaràs que la vida és un fidel reflex del pensament sentit i que no guarda relació amb el com, de cap manera. La teva meta ha de ser harmoniosa, plena i plena de felicitat.

Quan estàs treballant dia a dia per un objectiu, ja sigui realitzant un projecte, aixecant una empresa, etc. no has d'imaginar l'èxit d'una situació concreta que pertany al camí, encara que ho pots fer i això funcioni, pensa en la glòria del resultat final! Probablement tindràs sorpreses i es solucionarà per una altra via. Quan vols caminar d'un lloc a un altre no imagines que cada pas que dónes serà tot un èxit sinó que esperes arribar, el que és encara millor estàs segur que arribaràs conscient o inconscientment.

"Imaginar que compleixes aquest mitjà per arribar al teu objectiu, probablement et deixi en aquest mitjà"

La teva imaginació unida a un sentiment de felicitat, alegria, emoció o satisfacció del compliment del teu desig es veurà reflectida físicament i a partir d'aquest punt el teu camí futur ha de ser guiat per la contínua afirmació i sensació d'alleujament i goig. Torna a aplicar la tècnica per al següent desig que se't presenti.

INFORMACIÓ AL SUBCONSCIENT

"Som creadors del nostre dia a dia gràcies al nostre pensament. Creem la nostra pròpia vida al ritme dels nostres pensaments"

A la teva vida predomina la informació que hi ha en una àrea del sistema nerviós que es diu subconscient. Allà es troba tot el que tu realment penses de tu, que creus que et mereixes, l'àmplia concepció del teu entorn i de les teves possibilitats. Per tant quan vulguis aconseguir alguna cosa, has de convèncer el teu subconscient que el que vols és el que et pertany assegurant la teva postura per sobre de qualsevol cosa, el teu subconscient ha de ser el teu servidor. Un mètode d'eliminar els teus vells pensaments incrustats a la teva àrea no conscient, és repetir abans d'anar a dormir l'efecte contrari moltes vegades o sentint en un enregistrament fins a quedar-te adormit pensant en això: "sóc sa" això elimina la creença que tendeixes a les malalties, "els meus companys em volen" aplaca la idea infundada que no ets ben rebut en el teu entorn laboral, "m'encanta els diners" és contrària a la idea que tenir diners és dolent (un pensament molt freqüent que limita a la població).

Tu ets el senyor i el teu "Jo intern" obeeix al que

repetidament dius convençut. Ho repeteixes tantes vegades que es fixa fins a canviar el teu pensament. "Sóc feliç, sóc exitós", digues-ho ara mateix! "Sóc feliç, sóc exitós".

Aquest "jo intern" que creu el que repeteixes freqüentment, persuadit pel que desitges, és el que paradoxalment, controla la teva vida. Si vols tenir una casa gran amb jardí i la teva creença interna et diu que això és impossible perquè és molt difícil d'aconseguir o no t'ho mereixes, predominarà sempre aquest pensament i no podràs obtenir l'habitatge que t'agradaria.

Per poder actuar correctament és important conèixer la relació entre el conscient i el subconscient. El primer és selecció personal i el segon és la causa. El conscient genera idees o les percep per qualsevol dels sentits i les imprimeix en el subconscient. El subconscient les rep, els dóna un lloc i una forma d'expressió.

Una idea concebuda s'allotja en el subconscient i independentment de la nostra memòria, evoluciona en ella i les tradueix fora de la nostra consciència. Sense aquesta seqüència no hi ha res a l'univers. El subconscient no genera idees però accepta com certes aquelles que la ment conscient accepta com a veritables. Aquesta ment conscient pot tenir control sobre les idees i sobre els sentiments. El subconscient transcendeix la raó, s'expressa per les idees infundades prèviament. Cap idea pot ser fixada si no és sentida. D'aquesta manera la persona que no controla els seus sentiments, fàcilment pot impregnar al seu subconscient estats indesitjats. Controlar els teus sentiments, és tot el que necessitem per tenir una vida tal com la desitgem i feliç. No acceptis un pensament negatiu o no desitjat, no pensis que alguna cosa en tu és imperfecta o en els errors d'altres. El que no vols que els altres pensin de tu no pensis dels altres. L'acceptació de les coses negatives et genera coses negatives. En això està el desenvolupament del món sencer.

Afortunadament cada sentiment pot ser contrarestat per un altre que sigui més poderós i que pugui convèncer a la teva consciència. El sentiment més dominant sobre una mateixa situació és el que governarà la realitat. El que sents que vols ser, és el que predomina sobre el que t'agradaria ser, de manera que el teu sentiment t'ha de convèncer en el moment present, com ja et vaig explicar anteriorment. No esperis que el físic et convenci, ha de ser la teva consciència la que mani sobre la realitat física. La sensació està sempre abans que la manifestació. La realitat física té una base inamovible que són les sensacions.

Sigues cautelós en els teus sentiments, pensaments o sensacions perquè hi ha una connexió irrompible entre ells i el subconscient. A més, el teu cos les suporta i les expressa en la mateixa forma que les alberga. Sentir una cosa dolenta i mantenir-ho durant molt de temps, fàcilment pot originar una malaltia. Llavors, el teu entorn, no és l'únic que emmalalteix sinó el teu cos també. Cap sentiment negatiu ha de dominar-te i això inclou també el sentiment de penediment o frustració. El passat és passat i està trepitjat. Pensa només en el que vols fer o tenir.

NO ENVEGIS A NINGÚ

"Tu ets cada ésser del planeta"

No tinguis sentiments negatius de cap tipus, aquests produeixen que alliberis substàncies que causen alteracions corporals i desharmonitza el teu entorn.

Com ho hem dit, som fraccions d'un tot, per tant, per més diferent que sembli algú a tu, en realitat ets tu també aquesta persona. Envejar és generar un mal per a tu. Alegra't de l'èxit d'una altra persona, sent com si ell/ella fos algú volgut/a o tu mateix qui aconsegueix això i emociona't positivament. Quan sentis alguna cosa agradable pel que li ha passat a un altre, es generen situacions bones per a tu.

"Tots els éssers humans som fragments d'un tot.

No et facis mal"

Tot el teu entorn i el que et passa és producte del teu pensament. Ells, els que et criden, els que et fan enfadar, els que et diuen coses desagradables, només són un reflex del què tu ets. Ens costa creure-ho, però aquesta és la realitat. Així que quan això passi pensa que necessites estar en pau amb tu mateix, pensant que l'altra persona també ets tu i t'està recordant com penses. Digues "sóc feliç, m'encanta aquest món", "sóc pròsper, estic content amb mi mateix".

El teu pensament es projecta cap als altres, no només es tracta de tu sinó que formes una veritat per als altres. Quan dius "quants diners té aquesta persona!" estàs donant-li més diners. No ho facis amb enveja, això no t'afavoreix. Alegra't del seu èxit i sent-ho al teu interior. Tu i ell sou exitosos.

Davant d'un problema amb algú no intentis canviar a aquesta persona dient-li com ha de pensar o actuar. Ella és el reflex de tu, és part de la teva consciència. Canvia la teva percepció de les coses. Ell/a t'està dient qui ets dins de tu mateix. No t'enfadis, reflexiona un moment pensant que tots som fragments d'un mateix. Tot el que tens al teu voltant, incloses les persones són producte de la teva consciència. No jutgis als altres i no et castiguis a tu mateix. No busquis a la teva consciència el què és dolent, només pensa que tot està bé i que tens èxit en tot, que has aconseguit els teus desitjos. El teu entorn és agradable i està per tu. No busquis la causa del problema. Imagina el que vulguis sentir, veure i percebre. Imagina que aquesta persona t'està dient coses agradables i t'elogia o t'admira, ella ets tu.

Si has tingut un sentiment negatiu cap a una persona, canvia-ho ràpidament. És sempre millor pensar que aquesta persona t'està dient coses agradables i boniques.

Sent la seva felicitació. La teva consciència regna sobretot, així que això que imagines passarà en aquesta vida física. O si ho prefereixes, desvia la teva atenció cap a una altra cosa que sigui del teu agrat, perquè aquest problema no pot condicionar la teva curta vida física.

Dir que algú té "enveja sana" per una altra persona sona contraproduent perquè l'enveja de cap manera pot ser sana. No obstant això amb tolerància i bona fe a aquesta accepció, podem interpretar que la persona admira a algú sense sentiments negatius. Jo prefereixo usar expressions diferents que denotin en tota la seva extensió emocionis positives, per exemple "és un crack" o "és exitós!" i mentre ho dius t'identifiques amb aquesta persona. Aquesta sensació forma una energia de connexió amb el que desitges, la qual cosa fa camí per al desenvolupament del què vols, si després continues treballant en això. D'aquesta manera artistes, empresaris, etc. han pogut i poden triomfar: admiren a algú, ho veuen com a exitós, segueixen el seu exemple, són constants i triomfen.

L'enveja com a tal, desenvolupa el flux de substàncies agressores en el teu organisme, igual que l'empipament o l'estrès. I aquesta enveja neix a la teva ment. Però afortunadament pots controlar-la perquè saps que no és bona i que tot el que un altre tingui, és bo per ell/ella i ho pots tenir tu. Moltes persones que han nascut amb poc o que a la seva vida en algun moment han experimentat deficiències d'algun tipus, han tingut posteriorment abundància. Només has de saber dirigir la meravellosa energia que tens a la teva ment.

CONSERVA EL TEU PENSAMENT PER A TU MATEIX

"No facis públic el que aconseguiràs, ja ho sabran... Si tu vols"

No expliquis a ningú els teus objectius, viu-los tu mateix al teu món. De vegades explicar el que vols, no és entès per la persona que escolta o simplement pot sobresortir algun temor teu i reflectir-se en qui t'està sentint, això trunca el teu camí. Conversa en silenci i gaudeix de la teva vida en el teu interior, l'altra persona ja s'adonarà del teu èxit quan et vegi en un altre estat. Per descomptat les teves converses no han de ser contràries als teus desitjos, almenys els teus pensaments, has de ser coherent amb tu mateix.

No diguis res a ningú dels teus objectius interns, explicar-ho no t'ajudarà. Ho pots fer però amb la teva veu interior imaginant que li expliques el "ja ocorregut" a aquesta o a una altra persona.

Tampoc et formis una idea negativa d'una altra persona que està davant de tu, pel que fa a tu mateix o a les seves coses. No coneixes qui està dins d'aquest cos que tens davant, encara així ets capaç de donar-li un paper positiu a la teva vida. L'altra persona és el reflex del teu pensament.

No li expliquis res amb aquesta veu sonora que coneixem

tots. Explica-li, si vols, amb aquesta veu interna imaginant que s'alegra del teu èxit. Però no ho facis físicament.

El convenciment d'una idea a realitzar és l'alegria del teu ésser, avançada al món tridimensional. En aquest món físic és on viu la resta dels éssers humans que estan seguint l'estil "planar" fins que en ells es desperti, en algun moment, la consciència de ser. A tots ens vindrà el moment de viure el goig de l'exteriorització conscient de l'ésser. Fins que això ocorri, tu que ja saps viure amb èxit, manté les teves paraules dirigides a tu mateix. Si alguna cosa pots fer, per aquesta altra persona és desitjar-li el millor, perquè tu ja tens assegurat el teu projecte, tu viuràs a la carn el que en els teus sentiments s'està expressant.

Afortunadament cada vegada hi ha més persones coneixedores d'aquesta forma de vida que és la que ens porta a la felicitat. Així que no seria estrany que quan emetis les ones positives creadores, et trobis amb persones que també fan ús d'elles o bé coneguin alguna cosa. No sempre passa, però pot donar-se el cas.

"Quan abaixes el volum envers els altres, el puges per tu mateix"

La millor manera de gaudir de l'extensió infinita del teu poder és endinsant-te en tu mateix, vivint les coses que més vols al teu món real que és la teva imaginació, veient amb el teu ull intern com et succeeixen les coses. En aquest més enllà, és on pots parlar el que vulguis amb qui tu vulguis. En el teu pensament, ets la totalitat de la vida. I encara que ets lliure d'usar qualsevol estat en aquesta totalitat, perquè existeix el que anomenem bo i dolent, et recomano gaudir de la bondat positiva que és la via que et donarà la glòria excelsa, porta gran i ràpida cap al suprem.

Parla amb tu mateix, parla amb el teu conscient fins que el teu subconscient es convenci que et mereixes allò que desitges. Aquesta és la millor conversa. El subconscient mai falla a expressar tot el que ha estat escrit en ell. Des del primer moment en què rep una impressió comença a elaborar la manera d'expressar-se, accepta i manifesta tots els sentiments impregnats en ell. El subconscient, una vegada harmonitzat amb el teu conscient, mai altera les teves creences, mentre que una altra persona podria provocar-te un dubte. No guanyaràs res explicant el teu futur èxit a una altra persona, però sí que podries tenir un moment d'inestabilitat o fins i tot desagradable. Has de mantenir-te ferm en la teva creença.

Al que em refereixo en aquest tema és a una conversa comuna i convencional amb una altra persona, en una xerrada de companys o amics. Si es tracta d'una estratègia en la qual cal preparar als membres d'una empresa per aconseguir un objectiu, ets lliure de fer-ho. Igualment, si ets un candidat a la presidència d'un país o d'una associació, digues que ets el guanyador durant la campanya política i viu-ho amb els teus simpatitzants. Cada situació per a cada moment sota el teu sentit comú. Tu domines la teva vida, el poder està al teu pensament.

SIGUES PACIENT

"Temps i espai són condicions acceptades per la ment, el pensament pot transcendir-los"

El temps no existeix en la extradimensió. És un etern ara, però aquest constant present puntiforme no té traducció al món físic. Aquí parlem de passat, present i futur, a la nostra imaginació ha d'existir només el present i és harmònic amb els nostres desitjos.

"El que imagines és un acte creatiu instantani,

però en aquest món terrenal els esdeveniments

apareixen en una seqüència de temps"

No sabem quan vindrà allò que hem desitjat i viscut, tu has de seguir en la teva línia. Allò vindrà i mai és tard quan arriba. Això és molt important, la impaciència és una generació d'ones negatives que trunquen el teu camí. Pensar ansiosament el que desitges, no és bo. Pensar alegrement i emocionat en positiu, és molt bo. L'alegria en tot moment possible afavoreix l'atracció de resultats bons, del que esperaves i del que no esperaves.

SIGUES FIDEL AL TEU PENSAMENT

"Tal com penses així ets, si dubtes no tens camí definit, si asseveres, arribes"

Qualsevol concepte que sigui acceptat com a veritat, s'exterioritzarà al teu món físic. Quan dubtes sobre si serà cert o possible alguna cosa, estàs generant una afirmació al teu interior i els dubtes predominaran com certes davant les afirmacions positives, perquè al nostre sistema nerviós li és molt més fàcil acceptar la impossibilitat, la negació, el fracàs, el 'no èxit' perquè així hem crescut la gran majoria d'humans.

No desviïs la teva idea cap al contrari, no et deixis portar pel que diran, ni les persones ni els mitjans de comunicació ni res, tampoc el raonament (deduccions que a la realitat això no és possible).

"El teu objectiu és el teu món. Quan ja ho has visualitzat deixa-li al cosmos la resta. Segueix la teva vida però no deixis que aquesta vida et faci canviar la teva idea"

Si el teu pensament marxa per altres camins no desitjats, has de tornar immediatament al teu lloc anhelat. El nostre cap dóna voltes per naturalesa i a vegades podria costar una mica evitar tenir pensaments contradictoris. Hi ha una tècnica que la meva dona i jo fem si tenim pensaments contraris al que desitgem i és cantar alguna cançó favorita o la que està de moda, si hi ha persones a l'entorn cantem a la ment en silenci, dintre del nostre cap. És una tècnica molt bona perquè, a més, allibera endorfines que donen felicitat.

A l'ambient mèdic existeix el "síndrome del recomanat". Es caracteritza per una por conscient o inconscient del personal mèdic al fet que el pacient, que és un conegut d'un amic, familiar d'un conegut, o recomanat d'algú de qualsevol nivell, sigui producte d'una errada en el tractament o en el diagnòstic. Tenim por al fet que precisament amb aquesta persona les coses surtin malament. Aquesta por intensa i generalitzada que sentim en aquests casos, produeixen els errors o fallades amb aquest "pacient recomanat". L'ideal és sobreposar-se a qualsevol sensació falsa i concentrar-se en el que ha de ser.

Fa uns anys, a l'hospital on jo treballava, va esdevenir el pitjor cas de la "síndrome del recomanat" que jo fins ara he vist. La filla d'un metge forense conegut i admirat pel cap de la ressonància magnètica del servei de radiologia, va acudir després d'un accident de trànsit a realitzar-se un estudi de la columna vertebral, va ser tant el seu estrès de quedar bé amb el seu col·lega, que aquest va oblidar mantenir la immobilització de la columna vertebral de la pacient en traslladar-la a l'aparell de ressonància, ell mateix es va personar juntament amb els portalliteres per passar-la a l'equip. El resultat d'aquest trasllat sense protecció va ser una lamentable dissecció de la medul·la per un fragment de vèrtebra fracturada prèviament i la conseqüent paràlisi de gran part del cos. Quan ho mires des de fora i per als entesos en la matèria mèdica, és l'error més ximple que pugui passar. Però l'estrès, nervis o pors, no et deixen ser fidels a la realitat positiva.

Sigues fidel al teu pensament d'èxit, independentment de la situació o entorn. No deixis que et domini l'exterior. Tu domines el que t'envolta.

SENT LES GRÀCIES

"Quan et sents afortunat es genera un agraïment inconscient."

La sensació d'agraïment és un bumerang. Quan tu emets un sentiment real d'això estàs evocant la recepció d'un bé. Sigues agraït amb el que aspires tenir, com si ja ho haguessis rebut, cada dia i juntament amb aquesta correspondència, sent la felicitat del regal que et dóna la mateixa vida.

En general qui agraeix qualsevol cosa, tendeix a rebre més d'allò. Ens ho han dit ja diversos autors i és molt cert.

En una ocasió vaig rebre un comunicat per participar en un certamen d'art en el qual estaria la reina d'Espanya, on prèviament un jurat especialitzat, hauria de revisar les obres per saber si podien passar o no a l'exposició. Jo, llavors un escultor novell sense experiència i sense gran rodatge, en adonar-me de la quantitat d'obres d'art que participaven i de la gran qualitat d'elles, no em vaig deprimir sinó que vaig sentir des de l'inici una sensació enorme d'agraïment per tenir l'oportunitat de donar-li la mà a la reina. En realitat no sabia si la Reina aniria a l'exposició, si algú podria donar-li la mà, i pitjor, poder passar el filtre del jurat que estudiaria centenars d'obres, res d'això sabia. A qualsevol el fa retrocedir. Però cada nit ho imaginava, algun matí també, mentre ho feia, donava gràcies emocionat del que "ja estava succeint". Vaig ser escollit a la meva primera exposició amb la reina i no només això, al final de l'esdeveniment va fer un recorregut per la sala d'exposicions i va parar una bona estona per veure la meva escultura, em va donar la mà i em va fer diverses preguntes sobre la tècnica de l'obra. Això en l'actualitat ja ha passat diverses vegades. A partir de llavors vaig tenir altres beneficis lligats al valor de les meves escultures, interès per altres exposicions, etc.

"El que agraeix torna a rebre"

Així funciona l'agraïment, com a part de la teva imaginació, es forja amb el teu desig i l'emoció per rebre més.

L'agraïment és la consciència d'haver rebut alguna cosa i a la qual cosa correspons amb sentiment positiu. És un procés de creació d'allò pel que estàs agraït.

Agraeix com si ho fessis a la vida mateixa, a unes forces estranyes "superiors" o el que és millor, a la meravellosa creativitat que tens en el teu interior. Sona estrany que t'agraeixis a tu mateix, però en tenir consciència que dins de tu existeix el veritable Déu, no serà difícil fer-ho. Agraeix-te sentint l'expansió en el teu pit de la sensació més agradable de màgia, sorpresa i de poder al mateix temps.

Moltes cultures, durant segles, han practicat la gratitud de forma comunitària i s'ha anat transmetent a les generacions. Els egipcis van celebrar durant molt temps l'abundància del cabal del riu Nil des de l'antiguitat per assegurar la continuïtat del gran flux d'aigua i amb això el manteniment d'aliments i comunicació amb altres comunitats. Els indis australians i alguns americans realitzen danses per atreure la pluja amb festes d'agraïment.

Qualsevol acte atreu el semblant. Això significa que en la teva ment has de formar un retrat o una imatge o una escena del que desitges. Per tornar a atreure el teu desig ho has de sentir com si ja ho tinguessis en la realitat física, igual que en ella. Una via d'arribar a connectar amb la realitat del més enllà, és sentir agraïment per això que ja tens.

En realitat la gratitud és alguna cosa que has de tenir sempre. I abans de tenir el desitjat, no has d'esperar a tenir-ho per agrair. La majoria de persones estan agraïdes en rebre alguna cosa bona, però perquè els teus desitjos siguin una realitat i omplir la teva vida de riqueses en totes les formes, has d'estar agraït abans i després.

Mitjançant l'acte d'estar sincerament agraït per tenir el teu desig complert anticipadament, immediatament crea una imatge mental com que ja ho tens, i sent com si ja ho haguessis rebut i això connecta amb la dimensió bondadosa de l'univers. No sabràs com ho rebràs, però la teva certesa amb l'agraïment i fe indestructible, s'expressarà en tu.

ENAMORA'T DE LA TEVA IDEA

"Aconseguiràs les coses a aquesta vida si les vols ardentment"

Has d'estar tan emocionat amb el teu objectiu, que no has de dubtar que és així. Si avui et diguessin que has aconseguit el teu objectiu tingues per segur que aniries al llit molt entusiasmat i fins i tot no podries dormir de l'excitació.

Fa uns anys volia un cotxe que m'agradava molt i que no m'ho podia permetre pel preu, a més no volia un préstec amb el banc. Mirava a internet les fotos del cotxe una vegada i una altra, buscava una altra pàgina web per veure més fotos i ho feia una vegada i una altra com si es tractés d'un romanç amb el vehicle. Quan conduïa el meu, imaginava que el quadre de comandament era el del nou, ho tenia estudiat, sentia l'emoció de l'amor al cotxe. Un dia em van informar a la meva feina que em corresponia un 17% més del meu salari per anys de treball i que podia demanar altres beneficis, la qual cosa no només era indefinit sinó que aniria augmentat a mesura que passava el temps! Aquesta quota extra era l'import exacte que em tocava pagar a la mateixa concessionària cada mes si desemborsava la meitat del preu del cotxe, que era el màxim que jo em podia permetre. En tres anys va estar pagat el cotxe que gaudim completament amb la meva família.

> *"L'amor és emoció positiva"*

Quan t'enamores o anheles amb amor alguna cosa, estàs provocant que vingui cap a tu. Has de tenir clar que l'amor no és desesperació, ni ansietat, tampoc obsessió. L'amor és positiu, agradable, és plaent, és gaudi del sentiment.

L'amor a alguna cosa és ocupar el seu total estat i això implica viure en aquest 'alguna cosa' amb sentiment agradable. Has de ser això, que la teva idea projecta. Ocupa aquest estat, que és l'harmonia amb el teu objectiu.

Si vull ser completament feliç, he d'imaginar com jo veuria el món i com el món em veuria a mi. Aquesta felicitat joiosa neix de l'amor a alguna cosa o a algú, que neix de la imaginació humana.

Quan saps on vols anar o el que vols ser, és a dir, estimes la teva idea d'alguna manera, avança per fe. Romanent fidel a aquest estat de consciència, la qual cosa és vist solament a la teva imaginació, es veurà al teu món. L'ésser humà és tot imaginació. Aquesta imaginació és la base de tot sentiment que causa l'exteriorització al món. La nostra imaginació pot generar el desig i amb això l'amor a alguna cosa o a algú.

Si no tens fe, acceptant tot el que succeeixi, romans en un estat d'autòmat, incapaç de canviar els esdeveniments conscientment al teu món. Només quan camines creient, la teva vida canvia. No importa el que hagis fet abans, o el que t'hagi succeït, això queda enrere i el teu nou pensament, ple d'amor, ho canvia tot. Si vius en el passat, tornes a viure el passat. Camina una nova sendera en la teva ment que canviarà la teva vida al món. Posa el passat darrere de tu. Si li gires l'esquena al temps passat, sense tenir en compte el que hagis fet o deixat de fer i et projectes cap endavant, cap al teu somni i romans fidel a ell, res podrà impedir aconseguir-ho. Arribaràs a ser l'ésser que tu assumeixis que ets, si romans en aquest estat.

"Quan estàs envoltat de flames d'amor pel que vols, realment no existeixen límits per aconseguir-ho"

He experimentat moltes coses amb els sentiments positius i sé que això és veritat pel fet d'haver-ho viscut jo mateix. Et convido a experimentar d'igual forma, les coses que vulguis amb sensacions positives perquè puguis gaudir de les seves conseqüències. Així com et convido també a practicar la materialització dels teus somnis amb totes aquestes pautes que t'explico, que no només et quedis amb el coneixement, sinó que ho exerceixis.

No necessites res de l'exterior per aconseguir el que desitges, no importa la teva situació personal ni la del país on vius. Només has de creure, creure amb fe i caminar en el sentit que la teva imaginació disposi. Pregunta't: com seria si jo fos la persona que vull ser, la resposta és la que has de viure a la teva imaginació.

SOBRE ELS SOMNIS QUAN DORMS

"Somiar és entrar en la dimensió més propera a la nostra consciència"

Dormim durant la nit normalment, però la totalitat de la població del planeta no té la nit al mateix temps. Mentre uns dormen, uns altres estan actius treballant, fent la seva vida a l'altre costat del món. Un a un anem caient en somni a mesura que la terra rota i el sol es va ocultant. No obstant això, podem dormir durant el dia també.

Sigui com sigui, dormir ens porta el descans corporal i un fet important denominat "somni". Somiar no és una altra cosa que viure una situació mentre estàs dormint. Però per què somiem? Pel mateix motiu que tenim milers de pensaments mentre estem desperts. La nostra ment està en constant moviment.

Somiem en la gran majoria d'ocasions, coses que hem pensat o percebut per qualsevol mitjà durant l'estat despert. Et podries preguntar com és possible que hagis pensat aquest somni tan desagradable que vas tenir? En algun moment de la teva vida aquesta informació va entrar en la teva ment. La nostra memòria és molt limitada, ens costa recordar aquest fet però és així. Aquest record o vivència durant el somni pot ser modificat amb situacions, en ocasions absurdes per la diversitat de pensaments que tenim. No és estrany somiar que estàs en un lloc determinat amb algú i de sobte estàs en un altre i amb una persona diferent. Aquesta és l'activitat del pensament.

Quan jo era petit vam anar amb el meu pare i el meu germà gran al cementiri, probablement seria per a mi la primera vegada que trepitjava un cementiri, anàvem a visitar la tomba del meu avi. Per arribar fins a la seva tomba calia caminar un bon tros enmig d'unes altres, sense un camí definit, entre làpides, amb lletres i creus lúgubres (de tensió i por per a mi, en aquest moment), on predominaven el color blanc i el gris. El meu pare em va explicar que aquí hi havia gent que havia mort i el meu germà gran, va argumentar que no podia trepitjar cap tomba perquè els morts s'enfadarien. Des de llavors i fins a l'adolescència vaig tenir un somni desagradable que es va repetir un sense fi de vegades, sentia com fugia enmig de les tombes per aquest camí no definit, esquivant les creus, corrent i ensopegant al són del patiment, exhaust perquè els senyors que havien mort em seguien. No recordo que mai m'hagin atrapat, però la sensació de mort imminent, sí que la recordo.

Una variant d'aquest somni la vaig viure també moltes vegades després de veure una pel·lícula d'indis de l'oest americà que llançaven fletxes i aquestes travessaven el tòrax d'algunes persones matant-los o deixant-los moribunds. La variant del meu malson era que en lloc dels morts em seguien els indis sobre els seus cavalls i em disparaven fletxes. Tampoc em tocava cap, però la meva desesperació era brutal.

Això és el reflex de situacions viscudes modificades per la imaginació. Són exemples de somnis producte de vivències.

Una pacient embarassada em va explicar com havia somiat dues vegades que el fill que portava al ventre havia nascut, i tenia forma de mico i no d'humà. Assumia que en algunes ocasions pensava que podria tenir les orelles grans que el seu avi havia tingut. Un somni modificat per la por.

El següent succeeix també amb relativa freqüència: pensem tant en una situació que somiem que això passa i després torna a passar però al món físic. Al president Abraham Lincoln l'havien amenaçat de mort en els últims dies de la seva vida i aquesta situació li causava molta angoixa, com és evident. Una nit va somiar que li disparaven i va veure el seu propi cadàver amb el color exacte d'una tela prop del seu rostre. L'hi va explicar a la seva dona el que havia somiat. Pocs dies després en un teatre, el van assassinar a trets i el color de la vestimenta que estava prop de la seva cara era el mateix que li havia explicat a la seva dona.

Els somnis podrien revelar-te una situació, però realment no és perquè siguin premonitoris sinó perquè els produeixes tu.

Durant un període de dies de meditació llarga durant la nit, fa relativament poc, una nit vaig somiar que visitava una galeria i que el propietari era un senyor que en la vida real té una foneria de metalls. Feia probablement uns dos anys que no sabia res d'aquest senyor, però va venir als meus somnis. Ell em va convidar a passar a la galeria i em va dir que podria escollir alguna obra de les quals allí estaven exposades, però jo li vaig dir que volia veure el magatzem, així que em va portar al lloc on guardava altres obres, va buscar un gran sobre de color marró i va treure un llenç i em va dir: "aquest és per a tu". El somni es va acabar. El mateix dia al matí, ja en la vida real, a primera hora del matí, em va trucar al telèfon ni més ni menys que el senyor dels metalls i que al somni tenia una galeria. Em va dir que no es trobava bé de salut que tenia un problema als pulmons i que si podria veure'l durant aquest matí. Evidentment li vaig dir que vingués a veure'm. El vaig fer passar al meu despatx, em va explicar que l'havien visitat en una clínica privada i que li havien fet un escàner, així que va treure un sobre de color marró i del seu interior les imatges de l'escàner "un sobre de color marró, idèntic al que vaig veure al meu somni, a les seves mans". Això va ser un impacte molt gran, per mi. El que havia somiat era una realitat, amb modificacions, però era veritat, l'estava vivint!! El Sr. Martínez se'n va anar de la consulta després de la visita, vaig tancar la porta, em vaig treure les ulleres i em vaig cobrir la cara amb les dues mans impactat i desconcertat.

Vaig entendre que quan medites o practiques crear la realitat, els teus pensaments passats o desitjos es poden manifestar en un somni. I aquests al món físic.

Els teus somnis són expressions d'aquest món. Si tens pensaments agradables, hi ha molta probabilitat de somiar i viure coses agradables.

Dins de la tècnica d'imaginar per materialitzar els desitjos, hi ha alguns experimentats que recomanen visualitzar el seu desig abans d'anar a dormir i romandre en aquest estat fins que el somni s'apoderi de tu. Això és coherent amb el fet que just abans d'anar a dormir, el sistema nerviós es torna paradoxalment més receptiu (concretament el subconscient) però només al que s'està percebent en aquest moment. Això fa que ho impregni amb més facilitat en la seva creença, encara que després al somni, el pensament divagui en altres coses. Amb aquesta tècnica és més fàcil aprendre, per exemple un idioma, escoltant diàriament abans d'anar a dormir les classes o pautes d'aprenentatge, arribarà un moment en què l'idioma flueixi sense explicar-se la persona, el perquè. Això passa perquè abans d'anar a dormir ens lliurem amb més facilitat al subconscient. El mateix en despertar, encara que lleugerament menys intensa la receptivitat.

No obstant això, a la meva experiència, no és una condició *sine qua non* per desenvolupar el teu objectiu. Però és de molta ajuda.

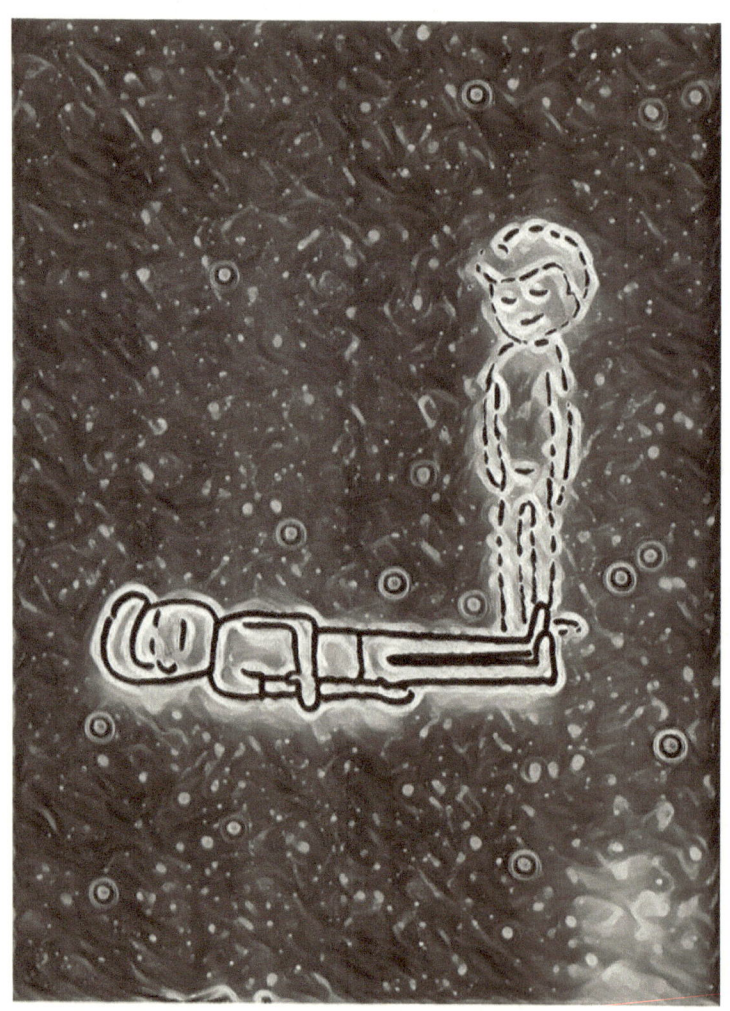

SOBRE LA MORT

"Morir no és un càstig"

El teu cos, que és producte del teu pensament, té un límit en aquesta vida física però tu ets etern, estàs aquí des de sempre i fins a sempre. El temps que assumim que existeix, està aliat amb la massa corporal (espai), així veiem créixer a les persones, envellir i morir i sembla que tot s'acabarà. Realment s'acaba el joc físic, el somni de viure la vida mundana, però no la teva vida. Tornem al lloc d'on venim. I abans de tornar haurem d'haver sentit la glòria de la consciència, de la divinitat suprema que és vèncer els obstacles físics que aquest somni ens imposa, per aconseguir la nostra vida imaginant el que volem, llavors en el mateix estat corporal viurem les sensacions més sublims, que ens ofereix la rebuda a l'estat pur del teu "jo superior", així ens adonarem de per a què vam estar immersos en aquest món: Déu es va fer home (som milions de fraccions de Déu) perquè creient ser feble i limitat, com un ésser humà pugui ressorgir en adonar-se que aquest home pot vèncer el que és físic i limitat.

"Aquesta vida terrenal és com un partit de futbol.

Saps que hi ha límit de temps per intentar ficar

els màxims gols possibles.

Els teus gols són els èxits i triomfs"

L'actor brasiler D. Montagner va morir ofegat en el riu Sant Francisco, d'aquest país, en el 2.016 després de gravar alguns capítols de la telenovel·la en un paratge prop d'aquest riu. Prèviament l'actor havia rodat una escena en la qual rep un tret i era abandonat al riu on veritablement va morir. Va ser la seva vivència tal, durant la filmació d'aquestes escenes, que l'endemà quan va anar a banyar-se al riu amb l'actriu principal de la sèrie, va ser arrossegat pel corrent del riu i va morir. Els mitjans d'edició encarregats de la sèrie, van emetre les impressionants i "reals" imatges que havia escenificat la seva mort en el riu mentre feia d'actor.

Va cridar inconscientment la mort.

El meu pare es deia David, va ser un home exitós en aquest món físic, va sortir de la pobresa en la qual li va deixar la mort del seu pare, qui manejava terres de cultiu a Portoviejo. Després de la desaparició d'aquest món del meu avi, els bancs es van apropiar dels terrenys que generaven diners a la família, el meu pare, entusiasta va aprendre el codi morse en ple estat d'escassetat. El coneixement de la clau morse l'ajudaria a entrar a treballar en telègrafs i posteriorment tenir altres negocis que li permetrien recuperar part de les terres perdudes quan era un adolescent. En aquest lloc viu actualment la meva mare. L'interès del poder mental va embargar molt aviat al meu pare, que va estudiar pel seu compte l'art d'hipnotitzar, va ajudar gent a esmenar alguns problemes psicològics amb la persuasió i la hipnosi, a eliminar estats d'ansietat i controlar el vici de l'alcohol amb ordres post hipnòtiques. El triomf més notable va ser el 7 de juny d'1.962 en hipnotitzar a un pacient que havia de ser operat de l'abdomen i al que no se li podia administrar anestèsia, ni intubar perquè durant la cirurgia no tingués dolor ni cap molèstia. Va ser la primera cirurgia feta amb hipnosis documentada a l'Amèrica Llatina. El control mental del meu pare produïa, des de llavors exitosos efectes, en les persones que volien ser tractades. Fins i tot només amb la persuasió sense arribar a l'estat hipnòtic. Després d'uns anys el meu pare va deixar la hipnosi, això meritava molt temps i tampoc li generava ingressos. Havia de dedicar temps a les seves activitats laborals i de negoci. Cap als 58 anys va començar a tenir pensaments de mort i de tant en tant parlava, amb determinada seguretat, que aviat moriria. Recordo amb molta claredat el dia en què li vaig dir "podries comprar-te unes sabates" al que ell em va respondre "pel que em queda de vida...ja moro amb el que tinc". Un dia va anar a fer-se una foto de carnet per a un document que necessitava i quan va tornar a casa, les fotos que li van sobrar les va deixar sobre un moble i va dir "és l'última foto que em faig, perquè em recordeu així". Com això moltes asseveracions a la seva mort. Als 61 anys va morir d'una complicació quirúrgica d'una cirurgia a la que s'havia sotmès alguns mesos enrere i no estava prevista per cap motiu. Al setembre de 1.996 havia tingut un infart del cor, que no el va matar però els metges van decidir que per millorar la circulació de la zona cardíaca afectada, s'havia d'operar d'un bypass. Va ser aquesta cirurgia la que es va complicar i la que li va conduir a la mort. I efectivament van ser les seves últimes sabates, l'última foto, les últimes vivències que va deixar a aquesta terra.

Aquest home exitós, entusiasta i airós en les seves diferents facetes de la vida, va imaginar la mort i la va viure per voluntat seva abans de que arribi. No li van prendre la vida, ell la va lliurar.

El meu amic Cèsar em va explicar en 1995, que cada vegada que agafava el cotxe i anava per la carretera de Guayaquil a Portoviejo imaginava que un camió en sentit contrari a la seva ruta, se li venia damunt i aixafava el seu cotxe, la por li feia pensar que moria i veia els cristalls del parabrisa enfonsats i trencats, el capó aixecat i la seva sang en els seients. En 1998 va morir en aquesta carretera aixafat per un camió que venia en sentit contrari.

Antoine de Saint-Exupéry autor de la famosa obra "El Petit Príncep" era també pilot d'avió. Tenia molta experiència en vols, havia travessat l'Atlàntic en moltes ocasions. Encomanat per realitzar una missió de reconeixement al sud de França als seus 44 anys va escriure, abans de sortir de Còrsega "Si em derroquen, no estranyaré res..." i el seu vol mai va tornar a aterrar. Va desaparèixer al mar i 60 anys després un pilot alemany va assegurar haver derrocat l'avió de Saint-Exupéry. Va desaparèixer d'aquest món terrenal.

Així que, tu controles la teva vida. I encara que la vida no es mesura per anys sinó pel seu contingut, realment tu decideixes quan anar-te'n conscient o inconscientment. No et prenen la vida, tu la lliures. Tu crides a la mort pels mateixos mitjans que crides a la malaltia, a la pobresa, a la salut i a la riquesa. Si imagines que mors estàs cridant a la mort. Tens un limit d'anys terrenals perquè li hem posat un límit nosaltres, a aquesta vida. La teva preocupació no ha de ser aquesta perquè quan has viscut la grandiositat de viure el que has imaginat t'adonaràs que ets un ésser molt més que físic. No has de témer, gaudeix de la vida en tots els seus camps, la vas fabricar tu, per a tu.

LA VIDA NO ES MESURA EN ANYS SINÓ PEL SEU CONTINGUT

"Ets l'amo del teu temps"

La vida no es mesura en anys sinó pel seu contingut per tant no et fixis a quina edat l'autor d'aquest llibre marxa de la vida terrenal, o el d'un conegut teu o familiar. Aquest fet no ha ni desanimar-te a seguir explorant aquest món ni ha de defraudar-te del que ja saps. Comença a practicar el teu món abstracte, que és la millor eina en aquest univers d'atraccions en el qual, regnes tu.

Déu es va convertir en tu per complet, de tal manera que et vas oblidar que ets Déu. Ho va fer per convertir-se en la seva creació i donar-li vida. Així ell passa a través de totes les vivències i experiències sentint el bé i el mal i també la mort, amb la certesa que l'ésser humà despertarà finalment d'aquest somni de vida, per sentir la grandesa que ell és Déu. Juga així totes les parts d'aquest somni com cada ésser humà, en cada temps i espai.

LA CIÈNCIA

"Mentre la ciència investiga la part més minúscula de la matèria i aprofundeix en això, més ens trobem amb l'essència de la vida"

Durant molts anys l'home ha volgut indagar sobre la vida i el perquè l'ésser humà està aquí i ha cregut, no poder justificar al cent per cent científicament, totes les preguntes. A causa que vivim un món físic, toquem, veiem, sentim, necessitem per naturalesa una explicació física a tot això, sinó, no ens ho creiem.

Des que Pierre Teilhard de Chardin (1881 - 1955), un jesuïta paleontòleg, va dir que al llibre de Gènesi de la Bíblia, la creació de la vida en 7 dies es referia de forma metafòrica al procés de l'evolució, gran part de la població va reaccionar amb acceptació. El mateix T. de Chardin va involucrar al pensament i a la consciència com a impulsor d'aquesta evolució. La Bíblia, per cert, no és un argument històric de personatges, és tot un relat de les nostres vides. Si vols saber més sobre això, llegeix a Neville Goddard.

El moviment de les partícules generat pel pensament produeix un camp magnètic carregat elèctricament en rotació (en anglès spin) la qual cosa produeix atracció al seu objecte afí. Aquesta atracció curiosament no sap de distàncies. Un empresari a Anglaterra pot atreure a un client en concret del Japó i curiosament rebre'l al seu despatx. Pot arribar a les teves mans una fruita exòtica d'un altre continent sobre la qual vas pensar fa uns dies, etc.

La partícula més diminuta està en constant moviment a una gran velocitat de tal manera que ocupa tot el seu espai en pràcticament tot moment. Si tu dius que la partícula està en un lloc determinat, dins del seu espai de moviment i una altra persona diu que està en una altra part, tots dos teniu raó perquè el moviment és ràpid en tots els llocs i sempre podrà estar on tu vulguis veure-ho. Aquest és el principi de la física quàntica. Tu decideixes on (espai) i quan (temps) estan les coses de la teva vida.

Si extrapolem aquestes partícules, que componen l'estructura de les molècules de qualsevol ésser o objecte, a una escala major, allò del que ets conscient (el que tu assumeixes, que és real) serà present en el lloc que tu has decidit, encara que no sempre coincideixi amb el moment que tu esperaves perquè el temps que vivim al món físic és "lineal". Si vols coincidir en el temps, has de projectar-ho al moment precís que tu desitges, perquè si no ho demanes o no ets conscient d'aquest temps així serà per a tu, sense moment determinat. Has de viure allò que desitges en l'ara, en consciència d'un moment o situació concreta. I malgrat tot has de saber, que mai és tard.

Si anul·les totalment les creences d'alguna cosa en concret i assumeixes per complet que és una altra cosa diferent, això es manifesta al teu món a pesar que altres persones i situacions puguin dir el contrari. Aquesta és la base del desenvolupament de la vida. Res existeix si tu no ets conscient d'això.

Les molècules del nostre cos en constant vibració, generen calor i energia. Aquesta calor pot ser percebut per múltiples aparells, en l'actualitat.

En el més profund de l'estructura humana, les partícules que es mouen, produeixen una ona segons el tipus de freqüència regida pel nostre pensament i emocions. Tot pensament genera una vibració, que és la que origina l'ona. Aquestes ones són de diverses formes però encasellem-les en dos grans grups: regulars i irregulars, segons el tipus d'emoció o sentiment. L'amor genera ones regulars (figura A), la il·lusió i riure també. El contrari, la ira, l'odi i el plor generen ones irregulars (figura B):

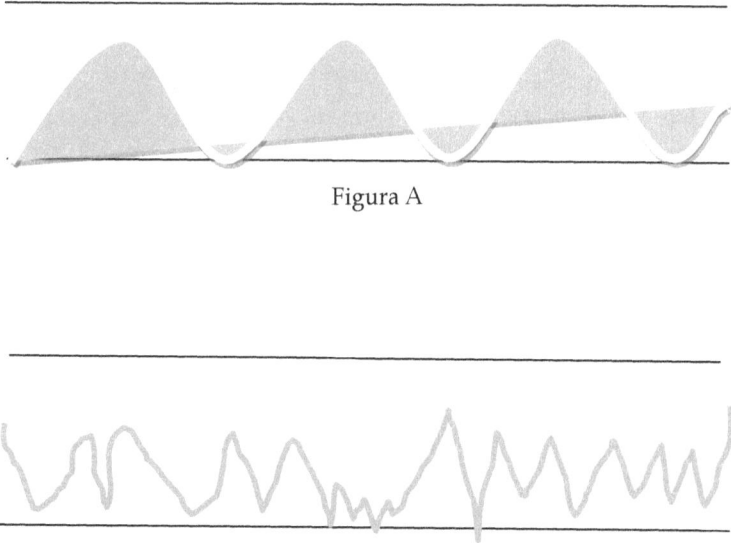

Figura A

Figura B

Cada cosa, en aquest planeta, té un tipus de vibració i es complementa amb el teu desig o pensament que genera una ona a fi a allò que vols o creus, sigui una cosa inerta, viva o una situació.

"La ciència pot explicar coses físicament,

però no tota la vida

és física"

Tot existeix, per tant, a la consciència perquè tot està fet ja, només has de decidir amb la teva meravellosa força de voluntat, què és el que vols. Si no controles per voluntat, les coses et van succeint segons vagis pensant sobre això. La percepció que tens tu de tu mateix, és el que els altres veuen de tu.

Quan era un púber i fins a la vida adulta jove, sempre tenia amb el meu germà David, una petita discussió existencial. Ell deia que "tot està escrit" respecte a la vida i jo interposava que "som lliures de fer el que vulguem, res està escrit". Per a mi era una decepció de vida pensar que tot el que fem i vivim és producte d'un automatisme generat per una altra força com si fóssim marionetes. No obstant això, actualment, haig de donar-li raó en una part, a David: totes les opcions de vida estan ja creades o 'escrites', qualsevol cosa que ens plantegem ja existeix. Però no la vivim fins que escollim alguna cosa, que ja està creat. Així, 'escrivim' el que volem sobre les infinitats d'opcions ja 'escrites'. **Perquè la partícula més petita d'existència, està en moviment sempre a tot moment i a tot arreu.**

No existeix una força exterior responsable del que passa a tota la teva vida, sinó tu mateix. Confiar-li el teu desig a un sant mitjançant l'oració, és just si tens fe cega en què aquesta és la via per adquirir el teu objectiu. Atribuir el poder de la sort a una pedra preciosa és també just, sempre que la teva convicció et digui que aquest mineral és la causa de la teva fortuna. Tot això funciona si tu estàs convençut cegament, que és així. Però et convido a portar el teu ésser a un altre nivell més alt, sigues conscient totalment que ets l'únic que produeix les coses. Assumeix-ho i sent-ho. Governes tot el que existeix. Tens el poder de la creació.

PUNTS CLAUS

Estàs aquí a aquesta vida per un període curt d'anys d'aquest món físic, d'una mil·lenària vida, no desaprofitis l'oportunitat d'experimentar amb aquesta carn la glòria de traspassar el físic.

Els teus pensaments i emocions són energia. I tal com es genera aquesta energia atreus l'afí.

El cos és un vehicle per a la teva vida i experimentació en aquest univers d'atraccions.

Sentir, ara és la base de tot el que ocorrerà després.

La salut és un estat mental, si no la tens, mentre et deixes tractar pel metge no parlis de la malaltia ni diguis 'estic malalt'.

El convenciment net sobre alguna cosa, s'expressarà físicament per a tu en aquest món.

Imagina el final amb una escena que sigui curta i reflecteixi el teu desig complert.

Enamora't de la teva idea i sigues fidel a ella. T'està esperant.

Agraeix a la vida per tot el bé que et ve, que és el que has volgut.

Reordena les teves converses mentals. No revisquis a la teva ment les coses dolentes que hagi passat en el dia, reedita els fets com t'hagués agradat que passés.

No intentis canviar a les persones, elles són un reflex del què ets. Canvia't a tu mateix.

NOTES

Escriu aquí les frases més significatives per a tu o textos que més et puguin ajudar

_____
_____
_____
_____
_____
_____
_____
_____
_____
_____
_____
_____
_____
_____
_____
_____
_____
_____
_____
_____

TÈCNICA PER ACONSEGUIR EL QUE VULGUIS

Aquí una de les tècniques més aconsellades que a mi m'ha funcionat i a la qual anomeno 'goddariana' per ser N. Goddard el precursor d'ella:

Has de tenir prèviament un desig que vulguis realitzar, per exemple solucionar un problema que has tingut amb el teu cap d'oficina, qui pensa que no realitzes bé la teva feina.

Ves al teu llit en un moment en què puguis dedicar-te a tu mateix.

Tanca els teus ulls i concentra't. Aïlla els teus sentits físics de l'exterior. No has de tenir interrupcions de cap tipus, perquè necessites anar a una altra dimensió.

Imagina l'acte que vols viure però ha de ser una escena curta i que la puguis sentir. En l'exemple que hem donat abans, que el teu cap a la feina, et digui "admiro el que fas" "ets molt productiu" o "et felicito, ho fas tot tan bé", això mentre et dóna la mà. Sent la seva mà, la textura d'aquesta i sent la seva veu dient "et felicito, ho fas tot tan bé".

No et vegis lluny com si estiguessis a una pantalla, a una pel·lícula de tu mateix. Has de ser tu, en primera persona qui està vivint tot això.

Repeteix aquest acte una vegada i una altra. Si la teva ment es desvia en altres coses, quan t'adonis, torna al teu pensament inicial. Repeteix-ho moltes vegades. El subconscient ha de creure-ho, a força de repetir-ho mentre tu ho vius.

No facis cas al problema succeït, viu la situació contrària. Si tornes a pensar en el que has viscut físicament, només alimentaràs el problema.

Si et quedes adormit, està bé. Però si no aconsegueixes dormir, no passa res, segueix la teva vida i ocupa't de les teves coses sense recordar ansiosament el desitjat, oblida el teu acte creatiu mentre estàs pendent de les teves activitats.

L'endemà repeteix-ho una vegada i una altra i quan et despertis torna a viure l'alegria d'haver-ho aconseguit. Ho has de sentir com a real, sent-ho, alegra't. Oblida aquest moment i ocupa't de les teves coses.

El teu cap et donarà la mà i et dirà "et felicito, fas les coses molt bé".

JO

Escriu aquí el teu objectiu amb el major luxe de detalls, després llegeix-ho una vegada i una altra

_____
_____
_____
_____
_____
_____
_____
_____
_____
_____
_____
_____
_____
_____
_____
_____
_____
_____

_____

UN EXEMPLE

L'exemple de la ploma és pràctic i fàcil. T'animarà a fer més coses:

Ves al teu llit i dedica-li un moment al següent.

Pensa en un lloc per on passes caminant habitualment o cada dia, fora de casa. Pot ser prop del teu treball o de casa teva. Localitza amb exactitud el lloc, una cantonada, al peu d'un local en concret, etc.

Ara imagina que camines per aquest lloc que has escollit, pares un moment i mires al cel. Des de dalt, veus com s'acosta a tu una ploma d'una au o colom, baixa amb moviments suaus fent un zig-zag en direcció a la teva cara, et toca el rostre i cau a terra. T'ajups a recollir la ploma. Estàs al lloc escollit per tu (la cantonada, davant del local, etc.). Toques la ploma i sents els fins pèls que neixen de la seva tija central, li dónes la volta, la mires i la segueixes tocant.

Repeteix-ho, ves al lloc que vas escollir i imagina que mires al cel. Veus els núvols que s'obren entre si i deixen pas a una ploma que s'acosta cap a tu. Cau molt a prop de tu, la reculls i la toques, sent la seva textura.

Podran passar alguns dies, fins que trobis la ploma realment en el lloc que vas imaginar. Podria estar a un metre o a dos de distància, però estarà allà esperant per tu. En cap urbs del món existeixen tantes plomes perquè ocupin tots els espais. La ploma que et trobaràs l'has demanat tu.

Ho pots fer amb una moneda petita, si vols.

Després fes una altra cosa més gran, la cosa que tu vulguis. Mira els detalls i sent amb algun dels teus sentits. Sentir crea la realitat.

No ho refutes ni ho acceptis. Només intenta-ho.

LA VIDA ESTÀ ESPERANT QUE JUGUIS AMB ELLA

...I li encanta veure't guanyar!

A partir d'ara no dubtis ni un segon del que vols veure complet, en aquest món físic. No hi ha res ni ningú que pugui anar en contra teu quan estàs totalment convençut d'això. No existeixen obstacles en cap plànol, l'únic mur series tu mateix. Les forces de tot el cosmos s'alien per complaure't.

Fes el bé als altres perquè et fas bé a tu mateix. Ets saviesa i intel·ligència i tot el que fas és bo. Tu manes a l'univers. Benvingut a la vida!!

FRASES A RECORDAR

Pensar crea la realitat

El teu món és la teva consciència materialitzada

El teu cos no ets tu

El teu cos és un vehicle de les teves decisions

Les males notícies del món et generen angoixa i alteracions biològiques

Digues: Sóc sa, sóc exitós

El que imagines serà una realitat

Atreus o provoques successos

Quan li dónes importància a alguna cosa s'activa

L'única realitat és la teva consciència

Quan abaixes el volum cap als altres (silenci) ho puges per a tu mateix

La felicitat és una elecció diària, no la trobes en l'absència de problemes sinó malgrat tenir problemes

Cada pensament genera energia

Quan canvies els teus hàbits i forma de pensar canvia la teva vida

No hi ha una altra veritat que, el que el teu pensament diu

El teu pensament crida i crea les coses

L'èxit està al teu cap

La teva imaginació no té límits

Aquest món funciona per sensacions i emocions

Creure és sentir

La teva pròpia imaginació humana és Déu en moviment

Si vols canviar el teu món, has de canviar les teves creences

La consciència és l'única causa del que ocorre

No hi ha ningú a qui canviar en la vida pràctica sinó a un mateix

El que parles tot sol, ho estàs creant

Sigues pacient i fidel al teu pensament

No facis públic el que aconseguiràs, ja ho sabran...si tu vols

El que agraeix, torna a rebre

Ets l'amo del teu temps

La ciència pot explicar coses físicament, però no tota la vida es física

www.ingramcontent.com/pod-product-compliance
Lightning Source LLC
Chambersburg PA
CBHW021935160426
43195CB00011B/1100